Eugen Eisele

Die zehn Gebote nach den Jesuiten

Eugen Eisele

Die zehn Gebote nach den Jesuiten

ISBN/EAN: 9783742813855

Hergestellt in Europa, USA, Kanada, Australien, Japan

Cover: Foto ©Lupo / pixelio.de

Manufactured and distributed by brebook publishing software
(www.brebook.com)

Eugen Eisele

Die zehn Gebote nach den Jesuiten

Die zehn Gebote

nach den Jesuiten

(und anderen Kasuisten)

von

Eugen Eisele,

Pfarrer in Neipperg b. Brackenheim.

Halle a. S.
Verlag von Eugen Strien.
1889.

Citierte Werke.

1. Azorius († 1607), Institutionum moralium Tom. III, Folio, Coloniae 1608.
2. Beccanus († 1624), Opera omnia aliquot tractactibus posthumis aucta, 2 Bände, Folio, Moguntiae 1649.
3. Busenbaum († 1668), Medulla theologiae moralis, kl. Oktav, Antverpiae 1719.
4. Coninch, († 1633) De moralitate, natura etc., Folio, Antverpiae 1623.
5. Diana, († 1663), 1) Resolutionum moralium Tom. XII, Folio, Antverpiae 1647; im Text mit (A) angeführt. 2) Summa Diana etc., 1 Band, Folio, Lugduni 1664 (B). 3) Practicae resolutiones, Duodez, Antverpiae 1641 (C).
6. Escobar († 1669), Liber theologiae moralis, kl. Quart, Bruxellae 1651.
7. Filliucius († 1622), 1) Quaestionum moralium cursus, 2 Bände, Folio (A). 2) Compendium quaestionum moralium, Duodez, Lugduni 1626 (B).
8. Gonzalez († 1705), Fundamentum theol. mor., gr. Quart, Dilingae 1694.
9. Gury, Compendium theol. mor. Editio altera, Romae 1869, 2 Bände.
10. Henriquez († 1608), Summa theol. mor., Folio, Moguntiae 1613.
11. Laymann († 1625), Theologia moralis, 2 Bände, Folio, Wirceburgi 1748.
12. Lessius († 1623), De justitia et jure, Folio, Lovanii 1605.
13. Sa († 1596), Aphorismi, Oktav, Coloniae 1612.
14. Salas († 1613), Tractatus de legibus, Folio, Lugduni 1611.
15. Sanchez († 1610), Opus morale etc., Folio, Antverpiae 1614.
16. Stoz († 1678), Tribunal poenitentiae, gr. Quart, Bambergae 1756.
17. Suarez († 1617), Defensio fidei catholicae, Folio, Moguntiae 1655.
18. Tamburini, Methodus expeditae confessionis, Duodez, Mediolani 1648.
19. Valentia († 1603), Comment. Theol., 4 Bände, Folio, Ingolstadii 1595.
20. Mariana, De rege et regis institutione, 1598.

Vier Citate sind aus Pascal, Les Provinciales, Amsterdam 1735.

Vorwort.

Unterwerfung der Welt unter die Herrschaft des Papstes! Das ist das umfassende Ziel, welches die Gesellschaft Jesu sich gesteckt hat, dies der Eine Gedanke, der ihre gesamte Thätigkeit beherrscht; denn „nicht nur in geistlichen, sondern auch in weltlichen und zeitlichen Dingen sind die Menschen dem Papst unterworfen, welcher beide Schwerter von Christo erhalten hat".[1] „In dem Augenblick, wo Christus das Papsttum einsetzte, hat er ihm auch alle Fürsten und Reiche der Erde unterworfen".[2] „Als Statthalter Christi steht der Papst direkt an der Spitze der geistlichen und indirekt auch an der Spitze der weltlichen Gewalt".[3]

Diesem Einen höchsten Zweck der Gesellschaft Jesu: Herstellung einer päpstlichen Universalmonarchie auf Erden, in welcher den weltlichen Fürsten nach dem Ausspruche des Jesuiten Beccanus nur noch die bescheidene Rolle von Schäferhunden zufällt: Diesem Zwecke ist auch die vom Jesuitenorden erfundene Moral untergeordnet. Nur Eine Pflicht ist unbedingt und unabänderlich: Der Gehorsam gegen den Papst, welcher faktisch über Gott steht; denn ihm ist das Recht zugesprochen, auch von göttlichen Geboten zu dispensieren.[4] Das ewige göttliche Sittengesetz aber, wie es in der Schrift niedergelegt ist und im Gewissen des Einzelnen sich bezeugt, wird unter den Händen der Jesuiten soviel wie ganz aufgelöst, seiner Verbindlichkeit entkleidet, indem es sich der menschlichen Schwachheit und Bosheit anbequemen muß. Das Joch der päpstlichen Herrschaft für das Weltkind so erträglich, so angenehm als möglich zu machen: das ist die Aufgabe der Jesuitenmoral.

[1] Azorius II, pag. 1584—88; [2] So der Jesuit Santarelli, vergl. Huber, „der Jesuitenorden", S. 240; [3] Civiltà cattolica 1871; [4] Gury I, pag. 89.

I. Der Probabilismus.

(Die Lehre von den wahrscheinlichen Meinungen).

1. Prinzip der chriftlichen Sittenlehre ist die Liebe, die in Geben und Vergeben, im Wohlthun und Mitteilen, in selbstloser Hingabe an den Nächsten das Beispiel Christi nachahmt.[1]) Prinzip der Jesuitenmoral ist die vollendete Selbstsucht: „Jeder ist verpflichtet, einfach und absolut sich selbst mehr zu lieben als den Nächsten; denn jeder ist sich selbst mehr der Nächste als der andere ... Klar erhellt das noch überdies aus der natürlichen und unüberwindlichen Neigung, sich selbst mehr zu lieben als den Nächsten; daher der vulgäre Satz: Die wohlgeordnete Liebe fängt mit sich selbst an."[2]) So belehrt uns Gury. Er fühlt offenbar, daß er mit diesem Axiom den klaren Sinn des Gebotes Christi völlig in sein Gegenteil verkehrt; thut nichts, denn „das positive göttliche und menschliche Gesetz verpflichtet im allgemeinen nicht, wenn dessen Beobachtung zufällig mit einem sehr schweren Nachteil oder schweren Schaden verbunden ist."[3]) — Zwischen dem Prinzip chriftlicher Liebe und dem des gemeinsten Egoismus derart zu vermitteln, daß das Gewissen des Menschen, der den jesuitischen Maximen folgt, sich beruhigen kann, ist das Bestreben der Jesuitenmoral oder richtiger der jesuitischen Beichtstuhlpraxis. Dieses Bestreben findet seinen treffendsten Ausdruck in der Lehre vom Probabilismus.

Für den Christen ist die Eine höchste Autorität in Fragen des sittlich religiösen Lebens Christus, sein Erlöser, der durch den Glauben im Herzen des Menschen wohnt, für diesen also nicht eine äußere, fremde, sondern eine innerlich angeeignete Autorität bildet. In seiner Gebundenheit an Christus weiß sich der Gläubige wahrhaft frei. Der Jesuit, von dem durchaus falschen Satze ausgehend, daß der gewöhnliche Mensch in Fragen des sittlichen Lebens es doch zu keiner Sicherheit und Gewißheit bringen könne, setzt an Stelle der Einen Autorität Christi die probable, d. h. die wahrscheinliche, die annehmbare Meinung eines doctor gravis, eines Lehrers (Jesuiten) von Bedeutung. Was ein solcher Gewährsmann als probabel aufstellt, das ist sittlich erlaubt, darnach darf der Mensch sein Handeln einrichten, ohne sein Gewissen zu beflecken. „Was heißt es, nachweisen, daß

---

[1]) Mark. 10,45; Phil. 2,4 f. u. s. w. [2]) Gury I, § 221, pag. 157.
[3]) ib. § 100, IV., pag. 80.

eine Handlung nicht erlaubt ist? Nichts anderes als zeigen, daß sie nicht auf eine wahrscheinliche Meinung sich stützt"; so belehrt uns in dürren Worten Caramuel.[1])

2. **Wann wird eine Meinung probabel?** „Probabel ist eine Meinung, die sich auf Gründe von einiger Bedeutung stützt," sagt Filliucius.[2]) Nach Gury ist sicher als probabel anzunehmen eine Meinung, welche mit Duldung der Kirche von allen Theologen oder vom hl. Thomas und seiner Schule oder von 5 oder 6 durch Urteil und Wissen hervorragenden Lehrern dafür gehalten wird."[3]) Bei Escobar[4]) lesen wir: „Du behauptest, daß ein einziger gelehrter Doktor genüge, eine Ansicht probabel zu machen; ist irgend welche Bedingung beizufügen? Ohne irgend welche Bedingung behauptet dies Filliucius; doch möchte ich beifügen, daß jener Doktor zugleich fromm sein muß". Wenn also nur ein einziger doctor gravis eine Ansicht für probabel ausgiebt, so ist sie's auch, und der Mensch darf sich nach ihr richten. Dies wird bestätigt durch Sanchez,[5]) Navarra, Emmanuel Sa,[6]) Gury[7]) u. a.

3. Es ist einleuchtend, daß unter der Masse von Kasuisten über eine und dieselbe sittliche Frage die verschiedensten, oft geradezu entgegengesetzten Meinungen hervortreten können, strengere und lazere, mehr und weniger sichere; an welche Autorität hat man sich nun zu binden? Busenbaum giebt uns die Antwort: „Man darf diejenigen nicht verdammen, welche die verschiedenen Doktoren durchgehen, bis sie einen finden, der eine ihnen günstige Meinung ausspricht, nur muß es ein hervorragend kluger und frommer Mann sein."[8]) Ebenso mit einigen nichtssagenden Einschränkungen Sanchez: „Man darf sich bei den verschiedenen Doktoren Rats erholen, bis man denjenigen gefunden hat, der die dem eigenen Belieben entsprechende Antwort erteilt."[9]) Auf deutsch: man hält sich an denjenigen Gewährsmann, der die lazeste Anschauung vertritt. Aber das Gewissen, das sittliche Gefühl des Einzelnen, hat das denn garnichts zu bedeuten? Nein, es bildet absolut keine Instanz. „Ist es in foro conscientiae (vor dem Richterstuhl des Gewissens) gestattet, nach der weniger sicheren aber probablen Meinung anderer zu handeln gegen die eigene, die sicherer und mehr probabel ist?" — kurz: **darf man wider seine eigene bessere Ueberzeugung handeln?** „Einige leugnen es, aber ich halte es für viel probabler, daß es gestattet ist", belehrt uns der doctor gravis Sanchez.[10]) Busenbaum meint offenbar dasselbe, wenn er schreibt: „Wer sich im Zweifel (über die sittliche Zulässigkeit einer Handlung) befindet und nach eingehender Prüfung sich nicht entschließen kann, ist nicht verpflichtet, immer den sichereren Weg zu wählen, sondern er kann der seiner „Freiheit"

---

[1]) Pascal, lettres pr. I, pag. 249. [2]) Filliucius, B., pag. 293. [3]) Gury, § 54, pag. 46. [4]) Escobar, pag. 27 n. 21. [5]) Sanchez, lib. I, pag. 31 n. 7. [6]) Pascal I, 212. [7]) Gury I, pag. 47. [8]) Busenbaum, pag. 8, IV. [9]) Sanchez, lib. I, pag. 34 n. 24. [10]) ib. pag. 32 n. 13 u. 14.

günstigeren Meinung folgen, auch wenn sie weniger sicher ist."[1] Am deutlichsten drückt sich Emanuel Sa aus: „Man kann thun, was man nach einer wahrscheinlichen Meinung für erlaubt hält, wenn auch das Gegenteil vor dem Gewissen sicherer ist."[2]

4. Eingehende Untersuchung wird der Frage gewidmet, wie sich der Beichtvater zu verhalten hat, wenn er über eine Handlung anderer Ansicht ist als der Beichtende; wer muß nachgeben, muß seine Meinung dem andern unterordnen? Richtig behauptet Gonzalez: „Der Beichtvater darf seine Meinung nicht beiseite legen; er muß den Beichtenden väterlich ermahnen und ihm zu verstehen geben, er könne ihn nicht absolvieren," er könne sich seiner (des Beichtenden) minder probabeln Ansicht nicht anbequemen.[3] Doch gestattet Gonzalez dem Beichtvater, der Meinung seines Beichtkindes zu folgen, wenn dieses gelehrter ist als er selber.[4] Busenbaum spricht sich hierüber in folgender Weise aus: „Ein Beichtvater kann dem Beichtkinde sagen, es dürfe nach einer von einigen Doktoren als probabel verteidigten Meinung handeln, obgleich er selbst dieselbe spekulativ für falsch hält und ihr deswegen in der Praxis nicht zu folgen wagt."[5] Escobar läßt sich mit verblüffender Offenheit also aus: „Ist der Beichtvater verpflichtet, sich der probabeln Meinung des Beichtenden zu fügen mit Hintansetzung seiner eigenen Ansicht, die mehr probabel ist? Ja, weil der Beichtende, der sich auf eine probable Meinung stützt, ein Recht auf Absolution hat . . . Wenn aber dem Beichtvater die Meinung des Beichtenden falsch scheint, was dann? Er muß sich derselben anbequemen, wenn sie von bewährten Doktoren für probabel gehalten wird."[6] Ebenso lehren Vasquez,[7] Gury[8] u. a. Welch' zarte Rücksichtnahme auf den Beichtenden! Ganz konsequent nennt Escobar den Beichtvater „Advokaten des Beichtkindes." Ein Beichtvater aber, der unter den angeführten Fällen dem Beichtenden die Absolution verweigert, begeht nach Vasquez eine läßliche, nach Escobar, Busenbaum u. a. eine Todsünde.[9]

Es leuchtet ein, daß durch die jesuitische Ausgestaltung des Probabilismus alle sittlichen Begriffe verkehrt und zerstört werden.

---

[1] Busenbaum pag. 10, dub. III.   [2] Sa, pag. 167 f. n. 3.   [3] Gonzalez, pag. 456 n. 129.   [4] ib. S. 453 n. 124, 449 n. 115.   [5] Busenbaum, pag. 8, II.   [6] Escobar, pag. 28 n. 27 n. 24.   [7] Escobar l. c.   [8] Gury I, pag. 61, quaest. 2º.   [9] Escobar, pag. 28 n. 27; Busenbaum, pag. 8, III.

II. Lehre von der Absichtslenkung.

Vom hl. Crispinus wird erzählt, er habe Leder gestohlen, um den Armen daraus Stiefeln zu machen. Nach der jesuitischen Lehre von der Absichtslenkung hat Crispin keine Sünde gethan; denn er hatte ja nicht die schlechte Absicht zu stehlen, sondern die löbliche den Armen Gutes zu thun. Darum muß man — so schließen die Jesuiten — mit einer anscheinend schlechten That nur eine (im jesuitischen Sinne) gute Absicht zu verbinden wissen, um durch diesen einfachen Gedankenmechanismus Sünde und Verbrechen sofort in etwas Gutes und Erlaubtes zu verwandeln. Bei Lessius lesen wir: „Wer eine Ohrfeige erhalten hat, darf nicht die Absicht hegen, sich dafür zu rächen, aber sehr wohl diejenige, die Schmach zu vermeiden; darum kann er sofort die Beleidigung vergelten, selbst mit dem Schwert".[1]) Escobar verdeutlicht uns die Sache an folgendem Beispiele: „Darf ich dem Nächsten ein körperliches Uebel zum Heil seiner Seele wünschen? ja, deinem Feinde, der dir sehr schädlich ist, sogar den Tod, nur nicht aus Haß, sondern um deinen Schaden zu vermeiden; und du darfst dich über den Tod desselben freuen, wegen des Guten, das daraus folgt".[2]) Nach Reginaldus kann ein Offizier, dem eine Beleidigung zugefügt worden ist, dem Beleidiger sofort auf den Leib rücken, „nur nicht mit der Absicht, Böses mit Bösem zu vergelten, sondern mit der, seine Ehre zu retten; non ut malum pro malo reddat, sed ut conservet honorem."[3]) Gury bekennt sich gleichfalls offen zu dieser Lehre von der Absichtslenkung: „Darf man einem Feinde eine öffentliche Strafe wünschen? ja, wenn nur jeder Affekt der Rache dabei ferne bleibt."[4]) — So wird durch die Lehre von der Absichtslenkung dem menschlichen Herzen, diesem trotzigen Ding, ein scheinbar unschuldiger Weg zur Befriedigung seiner Rachsucht gezeigt: es gilt nur, die Absicht auf etwas vermeintlich Erlaubtes zu richten. Ebenso ist's mit der Habsucht: Bekanntlich ist die Simonie, d. h. der Kauf und Verkauf eines geistlichen Gutes, einer Pfründe u. dgl., Todsünde. Doch haben Valencia u. a. herausgefunden, daß man auch ohne Versündigung ein geistliches für ein zeitliches Gut hingeben kann; man darf nur nicht die Absicht haben, das Geld, das man zur Erlangung einer Pfründe dem Kollator derselben zahlt, ihm als Preis für die Pfründe zu geben, sondern lediglich „als motivum, als Beweggrund, um ihn zur Verleihung der Pfründe zu bestimmen, oder als freiwilliges Entgelt dafür."[5])*) Bei Hurtado findet sich folgende Auseinandersetzung: „Der Inhaber einer Pfründe kann ohne Todsünde den Tod desjenigen wünschen, der eine Pension auf seine Pfründe hat, ebenso ein Sohn den Tod seines Vaters; sie können sich freuen, wann der Tod eintritt, jedoch nicht aus persönlichem Haß, sondern um des Gutes willen,

[1]) Lessius I, 2, c. 9, d. 12 n. 79. [2]) Escobar, pag. 650 n. 145. [3]) Pascal II, pag. 87. [4]) Gury I, § 225, pag. 163. [5]) Valencia III, pag. 2039.
*) Dieser Satz wurde von Innocenz XI. verdammt.

das ihnen zufällt."[1]) Genug! Mit der Methode der Absichtslenkung ist jedem Missethäter ein einfaches Mittel an die Hand gegeben, die Sünde mit einem Schlage in etwas Gutes oder doch Erlaubtes zu verwandeln, aus schwarz weiß, aus bös gut zu machen.

III. Zweideutigkeit der Rede; geheimer Vorbehalt.

1. Hören wir zunächst den Jesuiten Stotz: „Die Amphibologie ist ein Ausspruch, der einen doppelten Sinn haben kann, einen wahren und einen falschen; hat der Redende den wahren im Auge, so lügt er nicht, mag er immerhin bemerken, daß der Hörende die Worte im andern — falschen — Sinn auffaßt, also getäuscht wird... Daß aber der Redende auf diese Weise nicht lügt, erhellt daraus, daß er nicht gegen seinen eigenen Sinn spricht, dem er, um die Lüge zu vermeiden, seine Worte anzupassen hat, nicht aber dem Sinne, der Auffassung, des andern."[2]) Stotz zeigt uns an einigen Beispielen, wie er sich die Sache praktisch denkt: „Ein Beicht= vater, der wegen eines Verbrechens, das er in der Beichte gehört hat, ge= fragt wird, kann verneinen, daß er irgend etwas wisse, nämlich so, daß er's mitzuteilen hätte.. Es kann einer ein von ihm im geheimen begangenes Verbrechen leugnen, nämlich sofern es kein öffentliches ist.. Einer, der vom Richter gefragt wird, ob er einen Mord begangen habe, kann es leugnen, wenn er ihn in gerechter Notwehr begangen hat.. Ein Angeklagter darf vor Gericht ein von ihm begangenes Verbrechen, das ohne sein Geständnis nicht bewiesen werden kann, leugnen, wenn er durch dieses Geständnis in Lebens= gefahr geraten würde.. Solche Zweideutigkeiten kann man auch im Eide anwenden.. So sind auch die Worte Christi Matth. 24 zu verstehen, als er sagte, er wisse Zeit und Stunde jenes Gerichtstages nicht, da er sie — nach katholischer Lehre — doch wissen mußte."[3]) Sanchez schreibt zu diesem Gegenstande: „So oft ein vernünftiger Grund vorhanden ist, kann man sich zweideutiger Redensarten bedienen; nur darf die Absicht nicht die sein, den Nächsten zu täuschen, sondern die Wahrheit zu verheimlichen; so auch Sylvester." „Eine vernünftige Ursache aber, zu solchen Zweideutig= keiten seine Zuflucht zu nehmen, liegt vor, wo dies nötig oder nützlich ist für's leibliche Wohl, für die Ehre, für Hab und Gut."[4]) „Ein Zeuge kann sich vor Gericht solcher Zweideutigkeiten bedienen, so oft er (nach seiner Meinung) aus irgend einem Grunde nicht verpflichtet ist, Zeugnis abzulegen, oder wenn für ihn ein nennenswerter Schaden daraus entstände; er kann in Wahrheit sagen, er wisse nichts, habe nichts gesehen oder gehört, indem

---

[1]) Pascal II, 88. [2]) Stotz, l. I. p. III, quaest. III, pag. 172 n. 218.
[3]) ib. pag. 173 n. 220. [4]) Sanchez, liber tertius, Cap. VI, pag. 28, n. 18, 19.

er für sich denkt: so daß er verpflichtet wäre, es zu sagen."[1] „Ferner darf man sich einer Zweideutigkeit bedienen etwa so, wie es vom hl. Franziskus erzählt wird; als dieser nämlich von den Dienern des Gesetzes gefragt wurde, ob ein gewisser Verbrecher dort vorübergegangen sei, steckte er die Hand in den Aermel und sagte: er ist nicht hier durchgegangen, nämlich — wie er bei sich selbst dachte — durch den Aermel."[2] Echt jesuitisch lauten folgende Sätze Busenbaums: „Schwer sündigt, wer zweideutig schwört, wenn er nicht dazu aufgefordert wird, sondern sich freiwillig zum Eid anbietet; denn in diesem Falle ist er verpflichtet, die Worte in ihrem gewöhnlichen Sinne zu gebrauchen" — also nur in diesem Falle! Wenn ein Eid mit zweideutigen Worten in re gravi, in einer wichtigen, bedeutungsvollen Sache geschworen wird, so ist's eine schwere Sünde; „wenn es sich aber um eine geringfügige Sache handelt oder im Scherz geschieht, so ist ein solcher zweideutiger Eid nur eine leichte Sünde." „Es ist gestattet, zweideutig zu schwören, wenn der Eid ungerechter Weise gefordert wird, z. B. von einem nicht zuständigen Richter, oder wenn er die Rechtsordnung nicht einhält, oder wenn z. B. ein Mann von seinem Weibe wegen eines von ihr begangenen geheimen Ehebruchs einen Eid fordert."[3] Diana führt u. a. folgendes Beispiel an: „Ein Schuldner kann Güter, die er notwendig braucht, unterschlagen, so daß sie dem Gläubiger nicht in die Hände fallen; vom Richter zur Rede gestellt kann er schwören, er habe nichts verborgen, indem er bei sich denkt: was er anzugeben verpflichtet ist."[4]

2. Die Lehre von der Zweideutigkeit der Rede hat ihre Ausgestaltung gefunden in der Lehre vom „geheimen Vorbehalt" (restrictio, reservatio mentalis), darin bestehend, daß man bei seinen Aussagen sich etwas denkt, auf das der andere nach dem Sinne der gewählten Worte schlechterdings nicht kommen kann. Bei Sanchez finden wir eine Reihe hierher gehöriger Entscheidungen, die auch von den anderen Kasuisten angeeignet werden: „Einer, der von einem gar nicht von der Pest angesteckten Orte kommt und fälschlicherweise in den Verdacht gerät, infiziert zu sein, kann schwören, daß er nicht von jenem Orte komme, muß aber den geheimen Vorbehalt machen: er komme nicht von jenem Orte als einem von der Pest angesteckten. Ja, die meisten fügen hinzu, wenn auch der Ort wirklich infiziert sei, so könne er doch schwören, er sei nicht dort gewesen, wenn er nur schnell hindurchgegangen und fest überzeugt sei, nicht von der Pest angesteckt zu sein." „Eine von ihrem Manne wegen eines begangenen Ehebruchs befragte Frau kann schwören, sie habe die Ehe nicht gebrochen, weil die Ehe ja bis dahin noch unverletzt fortbesteht, nur muß sie den inneren Vorbehalt machen: an einem andern Tage habe sie keinen Ehebruch begangen."[5] Laymann führt als Beweis für die Zulässigkeit solch ge-

---

[1] ib. pag. 29 n. 24. [2] ib. pag. 32 n. 42. [3] Busenbaum, pag. 134 squ.
[4] Diana, C., pag. 22; ebenso Sanchez, liber tertius, Cap. VI., pag. 30 n. 31.
[5] Sanchez, liber tertius, Cap. VI, pag. 31 n. 35; pag. 32 n. 41.

heimer Vorbehalte gleichfalls das Beispiel Christi an, Matth. 24; [1]) andere erinnern an das Wort Christi über den bereits toten Lazarus: Lazarus, unser Freund, schläft. Filliucius schreibt: „Wenn einer z. B. gefragt wird, ob er Schweinefleisch gegessen habe, so kann er schwören, er habe keins gegessen; nur muß er hinzudenken: heute oder heute Vormittag." [2]) Wie sehr der Jesuitenorden heute noch zur Lehre vom geheimen Vorbehalt sich bekennt, möge folgende raffinierte Auseinandersetzung Gurys beweisen: „Frau Anna, welche einen Ehebruch begangen hat, antwortet ihrem des= wegen argwöhnischen Gemahl das erste Mal, daß sie die Ehe nicht ge= brochen habe. Das zweite Mal, da sie sich durch den Priester bereits ab= solvieren ließ, giebt sie zur Antwort: Ich bin eines solchen Verbrechens nicht schuldig. Das dritte Mal leugnet sie den Ehebruch gänzlich ab und sagt: ich habe ihn nicht begangen, indem sie an einen solchen Ehebruch denkt, den sie zu offenbaren nicht verpflichtet ist. — Ist Frau Anna zu ver= dammen? Was Anna betrifft, so kann sie in allen drei Fällen von der Lüge frei gesprochen werden. Im ersten Falle nämlich konnte sie sagen, sie habe die Ehe nicht gebrochen, weil diese ja noch bestand. Im zweiten Falle durfte sie getrost behaupten, sie sei unschuldig, weil sie ja nach Ab= legung der Beichte die Gewißheit hatte, daß ihr das Verbrechen vergeben sei; ja sie konnte es sogar mit einem Eide bekräftigen, nach dem hl. Ligo= rius, nach Lessius, Suarez, gemäß der allgemeinen Meinung." Auch im dritten Falle konnte sie probabel leugnen, daß sie den Ehebruch begangen habe mit dem Gedankenvorbehalte: sodaß sie ihre Sünde dem Gatten offenbaren müßte." [3])

So sind Meineid und Lüge durch die Jesuiten in ein mit diabolischer Raffiniertheit durchgeführtes System gebracht.

Anmerkung. Der Gebrauch der Amphibologie, wo es „fürs leibliche Wohl, die Ehre u. s. w. nützlich sei," ist von Innocenz XI. verdammt.

***

IV. Das erste Gebot:

Ich bin der Herr, dein Gott, du sollst keine andere Götter neben mir haben.

Luther: Wir sollen Gott über alle Dinge fürchten, lieben und ihm vertrauen.

1. Ein schlagender Beweis für die durchaus unchristliche Auffassung des sittlichen Lebens durch die Jesuiten ist die Thatsache, daß die jesuitischen Moralisten sich eingehend mit Beantwortung der beiden Fragen abmühen: „Wann (oder wie oft) im Leben hat man Gott zu lieben, einen

---

[1]) Laymann II, pag. 116. [2]) Filliucius, A., Tom. II, pag. 204, n. 323, 325, 326. [3]) Gury, Cas. consc., pag. 183, cas. II.

Akt der Gottesliebe hervorzulocken?" und: „Sind wir verpflichtet, immer aus dem Beweggrund der Liebe zu handeln?"

a) Hören wir zunächst Laymann. „Es fragt sich nun, zu welchen Zeiten das Gebot der Gottesliebe verpflichtet? Zunächst antworte ich, daß es nach seiner negativen Seite b. h., sofern man Gott nicht haffen darf .., immer verpflichtet. Nach seiner positiven Seite aber verpflichtet es nur zu gewissen Zeiten: Zuerst, wenn der Mensch zum Gebrauch seiner Vernunft gelangt ist; dann, wenn eine schwere Versuchung droht und der Mensch in Gefahr ist, Gott zu haffen; fürs dritte, wenn man verpflichtet ist, einen Akt der Zerknirschung, der Buße „auszuüben", z. B. in der Todesstunde, oder wenn man zum Sakramente geht; viertens, wenn man glaubt, eine schwere Versuchung, besonders in der Todesstunde, nur durch einen Akt der Gottesliebe überwinden zu können."[1] Sanchez hält es für „viel probabler, daß dieses Gebot in jener Zeit, wo der Mensch zum Gebrauch der Vernunft gelangt, noch nicht verpflichte, mit Rücksicht auf das zarte Kindesalter." Er fährt dann fort: „Einige meinen, an jedem Sonntage müsse man Gott lieben, so Scotus." Im Gegensatz hierzu ist aber zu sagen, daß in Beziehung auf die Sonntagsfeier von seiten Gottes nur negativ die Enthaltung von knechtlichen Arbeiten geboten ist, von seiten der Kirche positiv der Besuch der Messe, und das kann ohne einen Akt der Gottesliebe geschehen. Andern gefällt die Lehre, dieses Gebot müsse einmal im Leben gehalten werden ..; andere behaupten, nur in der Todesstunde (so Vasquez); wieder andere lehren, nur einmal im Jahre, etwa wenn man zum hl. Abendmahle gehe (so Hurtado, Bannes u. s. w."[2] Sanchez zählt dann 9 verschiedene Zeitpunkte auf, wo der Mensch einen Akt der Gottesliebe hervorzulocken hat, darunter auch „so oft man von einem andern eine Gotteslästerung hört."[3] Diana ist nicht so rigoros; nach ihm ist's genug, Gott bald nachdem man zum Gebrauch der Vernunft gelangt ist, zu lieben, dann, wenn's zum Sterben geht und endlich so alle 3 bis 4 Jahre einmal.[4] Die Meinung Lorcas, Ledesmas (Dominikaner) u. a., nach welcher Gott jährlich einmal zu lieben sei, dünkt Diana allzuhart, sie sei auch, wie Castropalaus lehre, nicht genügend begründet.[5] Busenbaum entwickelt im allgemeinen dieselben Grundsätze wie Laymann, fügt aber bei, daß es eine Todsünde sei, Gott aus selbstsüchtigen Motiven zu lieben.[6] Nach Gury ist Gott zu lieben, „wenn man zum vollen Gebrauch der Vernunft gelangt, in der Todesstunde und sonst öfters im Leben, nach mehreren wenigstens einmal im Jahr, nach einigen jeden Monat."[7]

b) Hiernach versteht es sich von selber, daß die Frage, ob man immer aus dem Motiv der Liebe handeln müsse, von den Jesuiten verneint werden

---

[1] Laymann I, pag. 280 n. 6. [2] Sanchez I, pag. 298 n. 6—8. [3] ib. pag. 299 n. 9. [4] Diana A, V, pag. 492 rev. 105. Diana C, pag. 73. [5] Diana, A, l. c. [6] Busenbaum, pag. 66 r. [7] Gury I, pag. 154 u. 138, § 188.

muß. Busenbaum: „Die Gebote können auch ohne Liebe erfüllt werden, wenn dieselbe nicht in ihr Wesen eingeschlossen ist, wie dies z. B. bei dem der Gottesliebe der Fall ist."[1]) Es ist dies die allgemeine, auch von Gury[2]) vertretene Ordenslehre. — Nach jesuitischer Lehre genügt es denn völlig, die Gebote nach Pharisäerart äußerlich zu halten; aber unnötig ist, daß dabei die Seele die treibende Kraft die Liebe sei.

c) Die Veräußerlichung geht jedoch noch weiter: Es kann einer die göttlichen Gebote erfüllen, wenn er auch garnicht die Absicht hatte, ihnen Genüge zu leisten, „da ja lediglich der äußere Akt verlangt wird."[3]) Ja noch mehr: Man kann ein Gebot äußerlich erfüllen und dabei zugleich eine Sünde begehen, also ein anderes Gebot übertreten. Einer ist verpflichtet, eine Messe zu hören; dieser Verpflichtung genügt er völlig, wenn er während der Messe auch stiehlt oder sonst etwas Verbotenes treibt, nur muß er in der Kirche sein.[4]) Ganz ebenso Gury.[5])

2. Nach römischer Lehre fordert das erste Gebot für Gott Adoration (Anbetung), für die Jungfrau Maria Hyperdulia (Verehrung im höchsten Grade) für die Engel und „Heiligen" Dulia (einfacher Dienst). Die Jesuiten fordern Adoration auch für den Papst; Diana handelt ausführlich „de adoratione summi pontificis" (über die Anbetung des Papstes), will aber natürlich die Gott gebührende adoratio von der dem Papste zukommenden theoretisch streng unterschieden wissen. „Ich behaupte", schreibt Diana, „daß von alters her in der Kirche dem römischen Oberpriester durch Beugen der Kniee und Küssen der Füße Verehrung (adoratio) zuerkannt worden ist ... Besonders durch die Gewohnheit, dem römischen Oberpriester die Füße zu küssen, soll ihm die höchste Ehrerbietung dargebracht und er erwiesen werden als der Stellvertreter dessen, dem jenes Weib die Füße küßte ... Diese Adoration des Papstes stützt sich aber nicht nur auf alte Sitte und auf Vernunftgründe, sondern auf die hl. Schrift; eine ganz besonders hervorragende Stelle ist Jes. 49, V. 23: „Und Könige sollen deine Wärter sein, und ihre Fürstinnen deine Säugammen; auf's Antlitz zur Erde sollen sie sich vor dir beugen und den Staub deiner Füße lecken." „Es leuchtet ein", fährt Diana fort, „daß das im römischen Oberpriester seine Erfüllung gefunden hat; vergebens ist's also, wenn die Häretiker entrüstet sind über den päpstlichen Fußkuß, denn Jesaia hat ihn ja vorausgesagt."! Schneidige Exegese!*) Als äußeres Zeichen der Verehrung des Papstes ist es auch gestattet, sich an die Brust zu schlagen, was „das Zeichen der Sündenerkenntnis· und der Bitte um Sündenvergebung ist, welche offenbar von niemandem mehr als vom Papst erlangt werden kann,

---

[1]) Busenbaum, pag. 28. [2]) Gury I, pag. 154. [3]) Busenbaum, pag. 29, dub. 3. [4]) ib. pag. 29, I. [5]) Gury I, pag. 82, § 105.

*) In derselben Weise wie Jes. 49,23 werden von Diana die Stellen verwendet: Jes. 60, 14; Ps. 60, 10; 72, 9; Offenb. 3, 9.

zu dem Christus in der Person des Petrus gesprochen hat: „Wen du auf
Erden lossprechen wirst, der ist auch im Himmel losgesprochen." Zur
Adoration des Papstes gehört es auch, „das Haupt und den Körper leicht
zu neigen, wenn in den öffentlichen Gebeten sein Name genannt wird." [1]
— Endlich spricht Diana seine Meinung dahin aus, daß die von ihm
geforderte Adoration des Papstes gleichbedeutend sei mit dem den „Heiligen"
zu erweisenden Dienst (Dulia). „Dulia gebührt nicht nur den Heiligen im
Himmel, sondern auch denen, die noch auf dem Wege dahin sind; und das
nicht allein wegen hervorragender Heiligkeit, sondern auch wegen der Würde,
des Amts, wie dies unstreitig beim Papste zutrifft." [2] Daß all diese
Vorschriften und Lehren praktisch auf die vollendetste Papstvergötterung
hinauslaufen, wird namentlich angesichts dessen, was aus Veranlassung des
Papstjubiläums vielfach in der katholischen Welt geschah, im Ernst von
niemand bezweifelt werden können.

3. Die schwerste Versündigung gegen das erste Gebot ist
die Ketzerei. Darum kann die Kirche dieselbe strafen. „Du behauptest,
der Häretiker höre ja auf, der Kirche unterthan zu sein; denn er ist nicht
mehr innerhalb der Kirche, sondern außerhalb; also kann er von der Kirche
gar nicht zur Strafe gezogen werden. Antw.: Innerlich ist er freilich von
der Kirche geschieden, auch äußerlich in Beziehung auf die Sakraments=
gemeinschaft. Aber hinsichtlich der Jurisdiktion bleibt er nichtsdestoweniger
der Kirche unterworfen, sofern er getauft ist." So Beccanus u. a.[3]
Die Strafen, denen die Ketzer nach jesuitisch=römischer Lehre verfallen, sind
folgende: „1. Die größere Exkommunikation; 2. öffentliche Schmach, Ver=
lust aller Ehren und Ehrenrechte; dies kann auch auf die Kinder und
Begünstiger der Ketzer ausgedehnt werden, nach Diana selbst auf die
Neffen bis zur zweiten Generation; der also infamatus ist unfähig zur
Bekleidung jedes öffentlichen Amtes; 3. Konfiskation sämtlicher Güter, und
zwar durch den Fiskus, welcher nicht verpflichtet ist, Schulden, die der
Ketzer nach seinem Abfall von der Kirche kontrahiert hat, zu bezahlen; der
Ketzer verliert das Recht, eine Erbschaft anzutreten; 4. der Ketzer verliert
das väterliche Recht auf seine Kinder; seine Dienstboten und Untergebenen
sind jeder Verpflichtung gegen ihn enthoben. Doch meint Laymann, daß
die lutherischen Ketzer unter Zulassung und stillschweigendem Einverständnis
des Papstes ihre Kinder behalten mögen; 5. endlich hat der Staat die
Pflicht, im Auftrag der Kirche am Ketzer, wenn er in seiner Ketzerei be=
harrt, die Todesstrafe zu vollziehen, denn die Ketzerei ist ein Verbrechen,
das so gut wie Ehebruch, Raub und Mord Frieden und Ruhe des Staates
stört." [4] Beccanus beweist die Berechtigung der Todesstrafe gegen die
Ketzer aus: 3. Mose 20, 2; 24, 16; 4. Mose 25, 5; 5. Mos. 13, 6, ꝛc.;

---

[1] Diana A, XI, pag. 537—556. [2] ib. pag. 549 res. XIV. [3] Beccanus
I, pag. 353, quaest. I u. 6. [4] Laymann I, pag. 265 squ., cfr. Diana B,
pag. 286—290; Beccanus I, pag. 353; Gury u. a.

aus dem Neuen Testament aus Röm. 13, 4![1]) Ap.-Gesch. 5, 4; 13, 11; 1. Kor. 5, 5. Dabei verlangt Beccanus aber, „daß die Christen nicht aus Grausamkeit und Blutdurst die Ketzer zügeln und töten, sondern aus christlichem Eifer und dem Verlangen, die Einheit des Glaubens zu bewahren; wäre das nicht gestattet, so dürften Christen ja auch Mörder, Räuber, Ehebrecher weder zügeln noch töten."[2]) Wirklich schmeichelhaft: wir Ketzer mit Mördern u. s. w. auf einer Linie stehend! Am Schlusse dieser erbaulichen Auseinandersetzungen schreibt Beccanus: „In der ersten Zeit der christlichen Kirche wurden die Ketzer nicht mit zeitlichen Strafen belegt, teils, weil die Kirche wegen der Uebermacht der Ungläubigen und der geringen Zahl der Christen es nicht konnte; teils, weil damals leicht Aergernis hätte entstehen können!"[3]) Auf das Recht, Ketzer am Leben zu strafen, hat die römische Kirche nicht verzichtet und kann sie nicht verzichten, nur „nach dem jeweiligen Bedürfnis der Zeit" auf die Ausübung desselben. Die civiltà cattolica, offizielles Organ der Kurie, schreibt unterm 9. Mai 1872: „Die katholische Kirche hat das Recht, mit den schwersten körperlichen Strafen diejenigen zu belegen, welche den katholischen Gesetzen zuwiderhandeln, namentlich auch Schismatiker und Häretiker, d. h. Griechen und Protestanten; denn die Kirche ist nicht nur ein geistliches, sondern auch ein weltliches Reich." — An diesem Orte mögen noch kurz die jesuitischen Lehren über Religionsfreiheit Erwähnung finden. Beccanus schreibt: „Die Religionsfreiheit ist durchaus unstatthaft, widerstreitet dem göttlichen Gebote, ist staatsgefährlich. Sie darf nicht geboten, gebilligt oder eingeführt werden von irgend einem Fürsten oder einer Obrigkeit, sondern sie ist mit jedem Mittel, wenn es irgend angeht, zu verhindern und zu unterdrücken. Wo dies aber ohne größeren Schaden des Staates nicht bequem geschehen kann, da darf sie auf einige Zeit geduldet werden; erfolgt dies durch einen Vertrag, so ist er zu halten. Es ist erlaubt, die Religionsfreiheit zu dulden, um ein größeres Uebel zu vermeiden."[4]) Auch Laymann rechnet die Religionsfreiheit zu den größten Schäden und Uebeln des Staates. „Darum kann es für einen katholischen Fürsten nicht leicht ein anderes Uebel geben, das so schwer wäre, daß er, um dieses zu vermeiden, seinen ketzerischen Unterthanen Religionsfreiheit zugestehen oder eidlich erhärten könnte, zumal da ein solcher Vertrag, mit den Ketzern einmal eingegangen, zu halten ist."[5]) Dies die jesuitischen Lehren über Religionsfreiheit; es wird wohl kein Staat, solange er sich zur Religionsfreiheit bekennt, diese auch auf die Gesellschaft Jesu ausdehnen können; das käme einem prinzipiellen Verzicht auf dieselbe gleich.

4. Das Gebot: „Du sollst dir kein Bildnis noch Gleichnis machen, dasselbe anzubeten" wird von den jesuitischen Moralisten

---

[1]) Beccanus I, pag. 355, quaest. VI.   [2]) ib. n. 11.   [3]) ib. pag. 356 n. 21.
[4]) Beccanus I, pag. 362. quaest. IV.   [5]) Laymann I, pag. 268 n. 4.

einer besonderen Behandlung gar nicht gewürdigt; es wäre auch wirklich selbst für einen Jesuiten eine schwere Aufgabe, die Praxis in Beziehung auf den Bilderdienst mit dem bestimmten göttlichen Verbote in Einklang zu bringen. Vereinzelte Aussprüche über diesen Gegenstand finden wir bei Azorius: „Der Gebrauch von Bildern der Trinität, Gott Vaters (als Greis), des Sohnes (als Lamm), des Geistes (als Taube), der Engel und der Heiligen ist durch die Kirche zugelassen und zwar nicht nur zur Erinnerung an die Dinge, die sie vorstellen, sondern in der That zur religiösen Verehrung, zu welchem Zwecke wir sie küssen, umarmen, begrüßen, die Kniee vor ihnen beugen u. s. w.“[1]) Nichtsdestoweniger verlangt Azorius, daß man Bild und Sache auseinanderhalte, bei der Verehrung des ersteren immer nur letzteres im Auge habe. — In der Praxis geht dieser Unterschied meist völlig verloren; der jesuitisch-römische Bilderdienst ist ein Beweis für das Fortleben heidnischer Elemente im Katholizismus.

Anmerkung zur jesuitischen Erklärung des ersten Gebotes: Die Lehre des Basquez und anderer Kasuisten, daß es genügend sei, Gott einmal im Leben zu lieben, wurde von Papst Innocenz XI. verdammt.

V. Das zweite Gebot:

Du sollst den Namen des Herrn, deines Gottes, nicht vergeblich führen.

Luther: Wir sollen Gott fürchten und lieben, daß wir bei seinem Namen nicht fluchen, schwören, zaubern, lügen oder trügen, sondern denselben in allen Nöten anrufen, beten, loben und danken.

1. Fluchen, Gotteslästerung, überhaupt alle Zungensünden gegen Gott gehören nach Stoß ins Gebiet der Todsünden „und können niemals läßliche Sünden werden außer durch völligen Mangel an Achtsamkeit oder durch plötzliche Gemütsstimmung oder eingewurzelte Gewohnheit.“[2]) Ebenso lehren Tamburini,[3]) nach welchem gewohnheitsmäßiges oder unachtsames Fluchen und Lästern gar keine Sünde ist, Diana,[4]) Gury[5]) u. a.

2. Lügen und Trügen; wir verweisen auf das unter III. über Zweideutigkeit der Rede und geheimen Vorbehalt Gesagte. Folgende Aussprüche Laymanns mögen noch Erwähnung finden: „Kann derjenige, der einem anderen durch Wort oder Zeichen wissentlich etwas kund giebt, was an sich und mit Rücksicht auf sämtliche Umstände nur einen Sinn, nämlich einen falschen haben kann, von der Lüge entschuldigt werden, weil er für sich etwas hinzudenkt, wodurch seine Rede ‚wahr‘ wird? Antw.: Ja, nach Navarra, Salonius, Valentia, Lessius, Basquez u. a.“[6]) — Zum Lügen

---

[1]) Azorius I, pag. 742. [2]) Stoß, lib. I, pag. III. quaest. III. pag. 154 n. 173. [3]) Tamburini, pag. 118 n. 24. [4]) Diana B, pag. 57 n. 6. [5]) Gury I, pag. 253. [6]) Laymann II, pag. 115 n. 5.

und Trügen im Namen Gottes gehört sicher das Lügen im Beichtstuhl, wozu die Jesuiten mit bekannter Meisterschaft Anleitung geben. Tamburini: „Der Beichtende kann in der Beichte auf mancherlei Art lügen.. Es ist sicher eine schwere Sünde, bei der Beichte in Betreff der Todsünden zu lügen, sie zu verschweigen oder zu leugnen, wenn man nicht einen ‚genügenden Grund‘ dazu hat: aber, damit man dabei auch keine läßliche Sünde begeht, bediene sich der Beichtende einer zweideutigen Redensart!“[1] Derselbe Kasuist behauptet mit Henriquez: „Wer eine Generalbeichte ablegt, darf ohne irgendwelche Erklärung Altes und Neues untereinander mischen, wenn er das auch mit Fleiß thut, um die Zeit zu verdecken, in welcher er eine Sünde begangen hat, damit es der Beichtvater nicht erfährt.“[2] Escobar: „Ist’s eine Todsünde, vor Gericht oder im Beichtstuhl ‚leicht‘ zu lügen? Durchaus nicht!“[3] „Einer hält sich zwei Beichtväter, einen, dem er die Todsünden beichtet, und den ordentlichen, dem er nur die läßlichen Sünden gesteht, um bei ihm in gutem Ruf zu bleiben; sündigt er? Nein,“ nach Henriquez, Escobar u. a.;[4] denn „solche Beichte ist weder Lüge noch Heuchelei.“ Bei Azorius finden wir folgende Anweisung für den Beichtvater: „Wenn ein Angeklagter aus Furcht vor der Todesstrafe sein Verbrechen leugnet, so ist der Beichtvater nicht verpflichtet, ihn zu nötigen, seine unwahre Aussage zurückzunehmen; das hieße ja, ihn zwingen, sich selbst zu verraten.“[5] Auch nach Gury ist es „nicht immer Todsünde, in der Beichte zu lügen;“ er gestattet es, eine andere Stimme zu simulieren, (Sanchez, seine Kleidung zu verändern, einen andern Namen, ein anderes Vaterland anzugeben u. s. w.), um vom Beichtvater nicht erkannt zu werden.[6]“ Nach Busenbaum ist es gleichfalls keine Todsünde, hinsichtlich geringfügiger Dinge in der Beichte zu lügen, auch nicht, „wenn du eine läßliche oder eine Todsünde leugnest, die du zu beichten nicht verpflichtet bist.“[7]

3. Schwören (vgl. oben III.)

a) Assertorischer Eid. Azorius ergeht sich in folgenden Auseinandersetzungen: „Ein Weib, das einen Ehebruch, aber ‚im geheimen‘ begangen hat und von ihrem Manne darüber zur Rede gestellt wird, kann mit gutem Gewissen schwören, sie habe keinen Ehebruch begangen, muß aber für sich hinzudenken: keinen solchen, den ich dir gestehen muß.“[8] Ferner: „So oft wir im gewöhnlichen Verkehr der Menschen über etwas befragt einen Zwangseid ablegen müssen, so ist es uns erlaubt, wenn uns dabei ein Unrecht zugefügt wird, beim Eid zweideutige Worte zu gebrauchen und sie in unserem Sinn zu verstehen, wenn die Worte an und für sich diesen Sinn geben können, mögen dieselben auch im Verständnis

---

[1] Tamburini, pag. 223 n. 36. 37. [2] ib. pag. 30 n. 2. [3] Escobar, pag. 165 n. 9. [4] Escobar, pag. 821 n. 135. [5] Azorius III, pag. 1197 dub quintum. [6] Gury II, pag. 290. [7] Busenbaum, pag. 617, I. [8] Azorius I, pag. 915.

der Zuhörer einen andern Sinn hervorbringen. Denn wegen des Unrechts, das man uns zufügt, steht es uns frei, auf unsern Vorteil bedacht zu sein. Nur müssen wir wirklich mehrdeutig reden und sind die Worte künstlich so zu stellen, daß ein doppelter Sinn möglich ist."[1] Nach Sa kann ein Verbrecher vor dem Richter schwören, das Verbrechen nicht begangen zu haben, muß dabei aber denken: „so wie der Richter es meint."[2] Auch Gury erlaubt es, den Richter durch Eidschwur mit heimlichem Vorbehalt zu täuschen und irre zu führen, „wenn es nur nicht ganz und gar erlogen und eine wichtige Ursache vorhanden ist."[3] Nun — die läßt sich finden. Folgende Entscheidung macht die Runde durch sämtliche kasuistischen Werke: Wenn einer eine bestimmte Summe Geldes entlehnt und wieder bezahlt hat, es aber nicht (etwa durch eine Quittung) beweisen kann, so kann er eidlich leugnen, daß Geld überhaupt entlehnt zu haben, mit dem heimlichen Vorbehalt, daß er es nicht noch einmal entlehnt habe."[4] Wir schließen mit einigen Sätzen aus Diana: „Ein Kaufmann, der die probable Ansicht hat, der Preis für eine Ware, die er verkauft, sei zu niedrig, kann sich durch falsches Gewicht schadlos halten; dem Richter darf er das eidlich ableugnen, nur muß er für sich denken: Er leugne, etwas Unrechtes gethan zu haben." „Endlich kann einer einfach falsch schwören, indem er für sich etwas hinzudenkt, wodurch der Eid wahr wird, so oft eine gerechte Ursache vorliegt, d. h. . . . der Nutzen es verlangt. Aber in diesen Fällen darf die Absicht des Schwörenden nicht die sein, den Nächsten zu täuschen, sondern die Wahrheit zu verheimlichen, deren Offenbarung nicht förderlich ist."[5]

b) Promissorischer Eid, eidliches Versprechen. Azorius lehrt: „Ein einfaches Versprechen, das man ohne die Absicht es zu halten gegeben hat, bindet nicht."[6] Busenbaum fügt bei: „Wenn ein einfaches Versprechen keine verbindende Kraft hat, so verpflichtet auch ein beigefügter Eid nicht."[7] Bei demselben Kasuisten findet sich folgende Entscheidung: „Wer dem Richter geschworen hat, ihm alles zu sagen, ist nicht verpflichtet, Geheimes (was etwa er allein weiß) zu offenbaren; so Lessius u. a."[8] Nach Stoz hört die Verbindlichkeit eines eidlich gegebenen Versprechens auf, wenn man die stillschweigende Bedingung gemacht hat: „wenn ich kann, oder: wenn die Verhältnisse sich nicht ändern."[9] Gury, Busenbaum u. a. machen uns ihre Meinung an folgendem Beispiele klar: „Titius hat der reichen, gesunden, jungfräulichen, in gutem Rufe stehenden Bertha die Ehe eidlich versprochen; er braucht seinen Eid nicht zu halten, wenn Bertha in Armut(!), Krankheit und Schande gerät."[10] Gury stellt ferner die Sätze auf: „Ist ein Vertrag gültig, welcher eingegangen wurde ohne die Absicht,

---

[1] ib. pag. 916, tertia regula. [2] Sa, pag. 366 n. 6. [3] Gury I, pag. 360. [4] Filliucius (B), pag. 619. [5] Diana (B), pag. 403 n. 6. [6] Azorius III, pag. 1008, septimo. [7] Busenbaum, pag. 138. [7] ib. pag. 139, V. [9] Stoz, lib. I, pag. 236 n. 367. [10] Busenbaum 138, I; Gury I, pag. 265.

sich zu verpflichten? Antw.: Nach der probableren Meinung ist er nicht gültig; andere aber lehren, er sei gültig!"[1] Ferner: „Die Verbindlichkeit eines Eides ist auszulegen auch nach den stillschweigend darin eingeschlossenen oder heimlich hineingedachten Bedingungen, und diese sind: 1. wenn ich den Eid ohne großen Schaden werde halten können; 2. wenn die Verhältnisse sich nicht merklich geändert haben werden; 3. wenn die Rechte oder der Wille des Oberen nicht entgegenstehen."[2] Busenbaum, Gury u. a. lehren: „Wer geschworen hat, ein Geheimnis (auch Amtsgeheimnis) zu bewahren, sündigt nicht gegen den Eid, indem er es verrät, wenn er es nicht ohne großen Schaden für sich oder einen andern halten kann; denn das Versprechen der Geheimhaltung verpflichtet nur unter der Bedingung, „si non noceat" — wenn's nicht schadet."[3] Sotus und Sanchez geben die ganz pfiffige Anweisung, wenn man der lästigen Verpflichtung ein eibliches Versprechen zu halten, entgehen wolle, nur nicht zu sagen: Juro (ich schwöre), sondern mit Weglassung des J: uro — das habe dann ja keinen Sinn mehr![4]

Anmerkung. Die jesuitischen Lehren über die Zulässigkeit zweideutiger Redensarten sowie des heimlichen Vorbehalts im Eide wurden von Innocenz XI. verdammt (2. März 1692); das päpstliche Verdammungsurteil blieb natürlich unbeachtet.

VI. Das dritte Gebot:
Du sollst den Feiertag heiligen.

Luther: Wir sollen Gott fürchten und lieben, daß wir die Predigt und sein Wort nicht verachten, sondern dasselbe heilig halten, gerne hören und lernen.

Für den Katholiken giebt es nach jesuitisch-römischer Lehre bezüglich der Sonntagsheiligung nur die doppelte „schwere Verbindlichkeit": „die Messe zu hören und sich von knechtlichen Arbeiten zu enthalten."[5]

1. Es ist nach Gury u. a. eine „schwere Versündigung, am Sonntag den Besuch der Messe zu unterlassen," natürlich nur, wenn man „keine justa causa, keine gerechte Ursache hat, wegzubleiben."[6]

a) Solche gewichtige Entschuldigungsgründe sind nach Busenbaum: „Nennenswerte Beeinträchtigung an Leib und Seele, an Ehre, Hab und Gut;" ferner „überhaupt jeder vernünftige Grund, durch welchen einer guten Glaubens der Meinung ist, entschuldigt zu sein, wie schlechter Weg, Regenwetter u. s. w."[7] Wer trotz alledem keine gerechte Ursache fand,

[1] Gury I, pag. 549, § 773. [2] ib. pag. 263, III. [3] Busenbaum, pag. 139, IV; Gury I, Ausgabe I, pag. 141, in der II. Ausgabe ist dieser Satz gestrichen. [4] Sanchez, lib. III, cap. VI, pag. 31 n. 37. [5] Diana (B), pag. 273; Escobar, pag. 99; Gury I, pag. 283 2c. [6] Gury l. c. [7] Busenbaum, pag. 177 squ.

wegzubleiben, dem wird der Besuch der Messe wenigstens in weitgehendster Weise erleichtert:

b) Man braucht nämlich nach allgemeiner Lehre der Jesuiten keine ganze Messe zu hören, sondern kann auf diese oder jene Teile der Messe verzichten. Escobar giebt den vierten Teil der Messe darein;[1]) nach Diana genügt's, die Messe vom Evangelium an (dieses jedoch ausgeschlossen) zu hören; Laymann hält es für hart, einen zu verdammen, der erst vom Offertorium an dabei ist.[2]) Henriquez, Lugo[3]) u. a. gehen noch weiter, sodaß man schließlich mit einer Anwesenheit von einigen Minuten der Vorschrift Genüge leistet. — Nach Busenbaum, Diana, Navarra, Henriquez u. a. „sündigt einer nicht, wenigstens nicht tötlich, welcher von zwei Priestern nacheinander zwei halbe Messen hört, denn er hört so eine ganze."[4]) Nach Escobar, Turrianus u. a. ist's auch gültig, wenn man auf diese Weise den zweiten Teil der Messe zuerst, den ersten zuletzt hört.[5]) Ja noch mehr. „Es ist auch probabel, wenn man beide Hälften zugleich hört," so Diana,[6]) Hurtado, Coninch, Busenbaum u. a.[7]) Wem etwa in der Beichte oder durch ein Gelübde das Hören mehrerer Messen zur Pflicht gemacht wurde, „der kann zwei, ja sogar drei, die zu gleicher Zeit an verschiedenen Altären gelesen werden, auch zugleich hören!" So Busenbaum, Diana und Sanchez.[8])

c) Sind die Anforderungen bezüglich des Messehörens hienach so überaus bescheidene, so sollte man erwarten, daß dann wenigstens während der ein paar Minuten währenden Anwesenheit in der Kirche eine um so intensivere Aufmerksamkeit verlangt würde. Keine Rede; zwar soll man der Messe „mit Ehrerbietung und schuldiger Aufmerksamkeit beiwohnen, aber, wie Busenbaum fortfährt und Gury ihm beipflichtet, kann man dabei auch zerstreut sein, wenn man nur auf irgend eine Weise merkt, was vorgeht. Wenn daher jemand bald acht giebt, bald plaudert, sodaß er doch noch immer wahrnehmen kann, was am Altare vorgeht, so sündigt er zwar durch seine Unehrerbietigkeit, aber er begeht keine Todsünde. Ja, Coninch, Sylvius, Rosella, Medina und Laymann lehren: „Dem Kirchengebote genüge auch derjenige, welcher absichtlich zerstreut sei; nur sei er gegenwärtig und in äußerlich ehrbarer Haltung."[9]) Auch ist nicht nötig, während der Messe zu beten: „Nec missae sacrum audiendi praeceptum adstringit nos ad orandum", d. h. „das Gebot, die Messe zu hören, verpflichtet uns nicht auch zum Beten," nach Azorius (Bd. I. Lib. IX. pag. 755, „decimo quarto".)

d) Man hat dem Gebote, die Messe zu hören, Genüge geleistet, wenn

---

[1]) Escobar, pag. 179 n. 28. [2]) Diana (C), pag. 407 n. 8; (B) pag. 446. [3]) Henriquez, pag. 547. [4]) Busenbaum, pag. 170, VII. [5]) Escobar, pag. 189 n. 73; Diana (B), pag. 446 n. 14. [6]) Diana (B), l. c. [7]) Busenbaum 170 VII. [8]) ib. pag. 34, dub. quint. II, oben; Diana (B), pag. 447 n. 14. [9]) Busenbaum, pag. 170, IX; Gury I, pag. 280.

man auch gar nicht mit der Absicht, dieses Gebot zu erfüllen, in die Kirche ging, ja wenn man sogar die bestimmte Absicht hatte, es nicht zu erfüllen, wie Diana lehrt.[1]) Ja, Diana, Escobar u. a. gehen noch weiter: „Es wird, schreibt Escobar, eine körperliche Gegenwart und die Gesinnung, die Messe zu hören, gefordert; dem steht aber nicht entgegen eine andere böse Absicht, deswegen man in die Messe geht, z. B. sich lüstern nach den Weibern umzusehen, welche sich mit der ersten, die Messe zu hören, wohl vereinigen läßt, wenn nur die erforderliche Achtsamkeit da ist." Ebenso Gury.[2])

2. Auch das Verbot knechtlicher Arbeiten wird durch die Jesuiten in weitgehender Anbequemung an bestehende Verhältnisse so gut wie ganz aufgehoben:

a) Vom Verbote betroffen werden überhaupt nur solche Arbeiten, die man gewöhnlich den Dienstboten zuweist, alle übrigen sind im voraus freigegeben; „eine Arbeit wird nicht dadurch knechtlich, daß sie Gewinnes halber verrichtet wird,"[3]) erklärt Escobar ausdrücklich. Darum sind nach allgemeiner Lehre der Jesuiten gestattet: Käufe und Verkäufe jeder Art, Märkte, öffentliche Versteigerungen, Fisch- und Vogelfang, Jagd, wo sie erholungshalber getrieben wird; auch kriegen kann man „ohne Not", wenn nur zuvor die Messe gehört wurde.[4])

b) Selbst Knechtsarbeiten kann man verrichten oder verrichten lassen, wenn es aus Not geschieht oder um eines Gewinnes willen, der sonst verloren ginge. Reginaldus gestattet auch unnötige Werktagsarbeiten, wenn sie weniger als eine Stunde, Marchantius (Franziskaner), wenn sie weniger als drei Stunden währen, Filliucius, Henriquez und Diana geben nur zwei Stunden zu.

c) Empörend lauten die Sätze: „Arme, welche sich und die Ihrigen nicht anders ernähren können, die mögen auch am Sonntag arbeiten" — so Gury und Busenbaum.[5]) Diana behauptet kühn: „Ein Herr, der einem ungläubigen (heidnischen) Sklaven knechtliche Arbeiten auferlegt, darf nicht verdammt werden; denn der Sklave sündigt nicht, da er ans Kirchengebot nicht gebunden ist."[6]) (Vergl. dagegen 2. Mos. 20, 10!) Laymann, Diana und Gury gestatten es auch, unheilbaren Geisteskranken Werktagsgeschäfte aufzuerlegen.[7])

Nach Filliucius, Escobar u. a. dürfen Maultiertreiber ihre Tiere des Sonntags prügeln, ihnen Lasten auf- und abladen, wenn diese Dinge nicht mehr als zwei Stunden in Anspruch nehmen; „die übrige Arbeit beschwert ja nur die Tiere,"[8]) sie haben das Tragen zu besorgen; — versteht sich.

---

[1]) Diana (B), pag. 447 n. 15; (A) III, pag. 916. [2]) Escobar, pag. 180 n. 31; Gury I, pag. 83. [3]) Escobar, pag. 99 n. 4. [4]) Diana (B), pag. 273; Gury I, pag. 296. [5]) Busenbaum, pag. 166; Gury I, pag. 299. [6]) Diana (B), pag. 273 n. 1. [7]) Diana l. c. [8]) Escobar, pag. 104 n. 30.

Die Jesuiten brauchen wir gerade noch zur Lösung der mit unseren socialen Verhältnissen so eng verknüpften Sonntags= und der Sklavenfrage.

Anmerkung. Innocenz XI. verdammte die Lehre, daß man dem kirchlichen Gebot Genüge leiste, wenn man zwei — von verschiedenen Priestern zelebrierte — Teile der Messe oder mehrere Messen zugleich höre.

VII. Das vierte Gebot.

Du sollst deinen Vater und deine Mutter ehren, auf daß du lange lebest im Lande, das dir der Herr, dein Gott, geben wird.

Luther: Wir sollen Gott fürchten und lieben, daß wir unsere Eltern und Herren nicht verachten noch erzürnen, sondern sie in Ehren halten, ihnen dienen, gehorchen, sie lieb und wert halten.

1. **Mann und Weib;** nach Filliucius hat der Mann die Befugnis, „das Weib mit Schlägen zu traktieren, nur nicht allzuheftig, sondern ihrer Verschuldung gemäß, denn der Mann ist des Weibes Haupt."[1] Dafür gestatten Escobar, Busenbaum, Gury u. a. dem Weibe, dem Manne heimlich Geld, auch zum Spiele zu nehmen; „sie sündigt nicht, wenn sie etwas nimmt, was ihr der Mann, wenn sie darum bittet, gerne geben würde. Ferner kann sie auch gegen den Willen ihres Mannes für das, was sie und ihre Familie bedarf, etwa für Kleidung, Speise oder Arzneimittel Geld entwenden."[2]

2. **Eltern und Kinder.**

a) Eltern sollen ihre Kinder wohl aufziehen; auch gegen Uneheliche hat man diese Verpflichtung. Kleriker dürfen nach Busenbaum ihren unehelichen Kindern (Spurii) aus den kirchlichen Einkünften eine Mitgift reichen.[3] Derselbe Kasuist schreibt: „Schwer sündigen Eltern, welche ohne gerechte Ursache ihre Kinder dem Spital übergeben oder an öffentlichen Plätzen aussetzen."[4] Bei Laymann finden wir folgende Sätze: „Was ist von der Aussetzung von Kindern, besonders Unehelichen (an öffentlichen Plätzen) zu halten? Ich antworte mit Molina: Es ist zuweilen gestattet, uneheliche Kinder auszusetzen, wenn das notwendig ist, um ein Verbrechen zu verheimlichen oder großer Schmach zu entgehen; nur muß man dafür sorgen, daß sie nicht verhungern oder erfrieren. Auch ist zu raten, die Kinder zuvor zu taufen und den Taufschein beizulegen."[5] „In äußerster Not kann nach Diana ein Vater den Sohn verkaufen."[6] Nach Busenbaum ist es keine Sünde, „wenn eine Mutter den Tod ihrer Töchter an-

---

[1] Filliucius (A) II, pag. 350 n. 140; Escobar, pag. 158 n. 13. [2] Gury I, pag. 410, § 554. [3] Busenbaum, pag. 181, III. [4] ib. pag. 181, I. [5] Laymann, t. I. l. 3. tr. 3. p. 3. cap. 14 n. 4, pag. 481. [6] Diana (B), pag. 423.

gelegentlichſt wünſcht, falls dieſelben wegen Häßlichkeit oder Armut ſich nicht gut verheiraten können" (pag. 73).

b) Kinder ſchulben ihren Eltern, „ſolange ſie bieſen unterthan ſind, Liebe, Ehrerbietung, Gehorſam;" ſo Buſenbaum.[1]) Doch geſtattet dieſer doctor gravis den Kindern, „ihre armen Eltern zu verleugnen, wenn bieß nur äußerlich ſimuliert wirb."[2]) Ebenſo erlaubt es Buſenbaum den Kindern, ihre Eltern wegen Ketzerei anzuklagen. Nach Tamburini braucht „ein von den Kindern an den Eltern begangener Diebſtahl im Beichtſtuhl nicht immer eröffnet zu werden, außer wenn der Sohn dem Vater ſoviel geſtohlen hat, daß dieſer verarmt."[3]) Escobar, Laymann u. a. lehren, daß, „wenn der Sohn eines Kaufmanns die Güter ſeines Vaters verwaltet und dieſer ihm dafür keinen Gehalt geben will, der Sohn es heimlich entwenden kann."[4])

3. Herrſchaften und Dienſtboten: vergl. 7. Gebot (geheime Schabloshaltung).

4. Obrigkeit und Unterthanen.

A) Nach jeſuitiſch-römiſcher Lehre genießt die katholiſche Kirche mit ihren Dienern und Gütern dem Staate gegenüber völlige Immunität, b. h. Freiheit und zwar, wie anmaßend behauptet wirb, nach göttlichem Rechte. „Dieſe Freiheit iſt vollſtändig und unbedingt,"*) nach Diana u. a.[5]) Die Kleriker ſind von jedweder durch Laien ausgeübter Herrſchaft, Jurisdiktion u. ſ. w. frei, ebenſo vom Kriegsdienſt. Daß dieſe Freiheit der Kirche, bezüglich ihrer Diener wie ihrer Güter, wirklich auf göttlichem Recht beruht, beweiſen die Jeſuiten aus 1. Moſ. 47, 25 (wo Joſeph die den Prieſtern gehörenden Ländereien von der Tributpflicht ausnahm), ſowie aus 4. Moſe 3, 10; Matth. 17, 25 f.[6])

a) Azorius ſchreibt zum vorliegenden Gegenſtande: „Es kann keinem zweifelhaft ſein, daß die Geiſtlichen befreit ſind vom Gehorſam gegen die Verfügungen der Fürſten und zwar nach göttlichem Rechte. Die Kleriker ſind Gott geweiht, darum können ſie auch nur Gott allein, nicht aber Menſchen unterthan ſein. Im andern Falle könnten ſie ja leicht durch die Autorität der Fürſten an der Ausübung ihres Amtes verhindert werden: darum leuchtet wahrlich ein, daß ſie nach göttlichem Rechte frei ſind von weltlicher Gewalt. Gegen Röm. 13, 1 ff.; 1. Petri 2, 13; Ap.-Geſch. 25 (Berufung Pauli an den Kaiſer); Joh. 19, 11 ſage ich, daß die Kirche in ihren erſten Zeiten noch nicht die Fülle ihrer Gewalt und den vollen Gebrauch ihres Rechtes beſaß, ſondern nur gleichſam der Anlage und dem Anfang nach. Wenn Paulus Röm. 13 ſchreibt: jedermann ſei unterthan der Obrigkeit, ſo heißt das nicht, daß er die Geiſtlichen der weltlichen

---

[1]) Buſenbaum, pag. 178, squ. [2]) ib. pag. 179. [3]) Tamburini, pag. 126 u. 2. [4]) Escobar, pag. 163, 31. [5]) Diana (A), Bb. VII, pag. 15, 2; Bb. V, pag. 29. [6]) Diana (A) VII, pag. 2, res. II.

*) „integra et absoluta."

Gewalt unterworfen hätte, sondern nur einstweilen (interim), solange die
Christen unter heidnischer Obrigkeit standen, sollten sie den Kaisern gehorchen,
damit nicht der christliche Glaube irgend welchen Schaden erlitte."[1]) Ganz
konsequent schließt daher Azorius: „Wenn kaiserliche Gesetze allgemein für
alle gegeben werden, so haben sie zwar ihre Geltung, weil sie die Laien
verpflichten; aber Kirche und Geistlichkeit gehen sie nichts an."[2]) „Alle
kaiserlichen Verordnungen, welche etwas über kirchliche Dinge und Güter
bestimmen, sind völlig wert= und bedeutungslos."[3])

Nach jesuitisch=römischer Lehre ist's nun dem Klerus freilich gestattet,
in gewissen Dingen sich den Staatsgesetzen zu fügen, in solchen nämlich,
die „nicht gegen die (oben geschilderte) kirchliche Immunität sind und zum
Wohle des Staates gereichen."[4]) Hieher gehören nach Beccanus Ver=
ordnungen über — Fruchtpreise und Aehnliches.[5]) Aber Beccanus fügt
ausdrücklich bei, daß die Kleriker solchen Verfügungen nicht „kraft des
Gehorsams sich zu unterwerfen haben, sondern nur wegen der Konformität
mit dem ganzen Staat,"[6]) oder, wie Azorius sich ausdrückt: Solche
Gesetze können sich die Kleriker gefallen lassen „nicht sofern sie Staats=
gesetze sind, sondern sofern sie vom Papste angenommen und gebilligt
werden."[7])

b) Die kirchliche Immunität findet ihren Ausdruck vor allem in der
Freiheit von der staatlichen Jurisdiktion. Kein Geistlicher, mag er
begangen haben, was er will, kann vor ein weltliches Gericht gezogen werden.
Hören wir Salas: „Die richtige Anschauung ist die, daß auf keine Weise
eine weltliche Behörde über einen Geistlichen eine Strafe verhängen kann . .
das wäre schändlich und unwürdig."[8]) Nach Beccanus „verfallen Kleriker,
obgleich sie verpflichtet sind, gewisse Staatsgesetze (s. oben!) zu halten, doch
im Falle der Uebertretung nicht dem weltlichen Gerichte. Wenn z. B. ein
Kleriker gegen das bürgerliche Gesetz Getreide zu einem teureren Preise ver=
kauft, so sündigt er zwar, aber er kann nicht beim weltlichen Richter ver=
klagt werden, sondern nur beim Bischof.[9]) Nach Diana kann ein Priester
vom weltlichen Richter auch wegen des „schwersten und ungeheuerlichsten
Verbrechens" nicht zur Strafe gezogen werden, auch nicht wegen Majestäts=
verbrechens und hochverräterischer Umtriebe."[10]) Ferner ist dem Papste das
Recht zugesprochen, die weltliche Gewalt nötigenfalls zu zwingen, die kirch=
liche Immunität und die indirekte Oberherrschaft des Papstes in zeitlichen
Dingen anzuerkennen.[11]) In gewissen Strafsachen kann nach Diana der
geistliche Richter einen Laien strafen, aber nicht umgekehrt; der geistliche
Richter kann den weltlichen Arm anrufen; „will der weltliche Richter seinen

---

[1]) Azorius I, pag. 351—355; cap. XII. [2]) Azorius II, pag. 1596, nono
quaeritur. [3]) ib. [4]) Sanchez, lib. VII, pag. 266 n. 20. [5]) Beccanus, pag. 238,
quaest. XI. [6]) ib. [7]) Azorius II, pag. 1596, cfr. Laymann I, pag. 95 n. 6.
[8]) Salas, pag. 350 n. 106 u. 108. [9]) Beccanus, l. c. [10]) Azorius VII, pag. 18
n. 3; 19 n. 5. [11]) ib. pag. 24, res. XII.

Arm nicht zur Verfügung stellen, so kann er dazu durch die Exkommunikation gezwungen werden."[1]

c) Eine weitere Forderung der kirchlichen Immunität ist die Steuerfreiheit der Geistlichen. Diana belehrt uns hierüber: „Unstatthaft ist jede Steuerauflage auf Güter der Kirche und Geistlichkeit, und die sie auflegen verfallen der Exkommunikation. Dasselbe gilt von Gütern, welche die Geistlichen durch testamentarische Vermächtnisse, Schenkung, Kauf und unter jedem andern beliebigen Titel erwerben. Weder direkt noch indirekt können Geistliche mit Steuern belastet werden. Die Freiheit der Kirche wird verletzt, wenn eine auch noch so gerechte und mäßige, direkte oder indirekte Steuer auf die Geistlichkeit ohne ihre und des Papstes Einwilligung gelegt wird."[2] Salas schreibt zum vorliegenden Gegenstand: „Wie der Papst die Kleriker von der Jurisdiktion der weltlichen Fürsten ausnehmen konnte, so auch von der Steuerpflicht."[3] Nach Azorius sind alle Güter, Einkünfte und Zehnten, sowie alle Gebäude, die irgend zur Kirche gehören, steuerfrei.[4] „Obgleich demnach die Kleriker — und zwar nach göttlichem Rechte — befreit sind von staatlichen Lasten und Abgaben, so kann doch zuweilen, wenn die Steuerkräfte der Laien nicht genügen, auch der Kirche und Geistlichkeit eine gewisse Kontribution auferlegt werden, aber es ist der Konsens des Papstes nötig, wie aus der Bulle coena Domini erhellt."[5] Falls der Staat auf Lebensmittel indirekte Steuern legt, empfiehlt Henriquez den Geistlichen, die staatliche Besteuerung dadurch zu umgehen, daß sie „Verkaufsbuden errichten, aus welchen sie ihre Lebensmittel steuerfrei beziehen können."[6]

Soviel über die kirchliche Immunität, d. h. „die Freiheit und das Recht der Kirche und der Geistlichkeit zu thun was ihr beliebt," wie sich Diana ausdrückt.[7] Das sind nun aber nicht jesuitische Sonderlehren sondern zugleich unfehlbare päpstliche Rechtsforderungen;[8] die römische Kirche hat zwar, den Zeitbedürfnissen entsprechend, schon auf manches Stück ihrer Immunität verzichten müssen; aber ihr vermeintlich göttliches Recht auf absolute Freiheit vom Staat giebt sie nicht auf. Es mag nun jeder selber entscheiden, was es mit jenem „vollen Recht" der römischen Kirche für eine Bewandtnis hat, welches besonders im deutschen Reich durch die ultramontan-jesuitische Partei, speciell durch den katholischen Juristenverein erstrebt wird. — Endlich können wir nicht umhin, auf den seltsamen Widerspruch hinzuweisen, der in der Anmaßung liegt: Die römische Kirche allein, ihre Orden, speciell der Jesuitenorden, seien im stande, das Autoritätsbewußtsein in unserem Volke zu festigen, die Unterthanen im schuldigen Gehorsam gegen Staat und Obrigkeit zu erhalten; wie soll eine Institution, die für sich selbst die

---

[1] Diana (C), pag. 360 n. 15—17. [2] Diana (B), pag. 279 n. 22. [3] Salas, pag. 356 n. 121 E. [4] Azorius I, pag. 359. [5] Diana (A) VII, pag. 38, res. XX. [6] Diana (B), pag. 280. [7] Diana (B), pag. 329, 1. [8] cfr. Syllabus Pii IX u. die angeführten Stellen.

Pflicht des Gehorsams gegen den Staat nicht, oder nur im allerbescheidensten Maße anerkennt, den Unterthanen dieselbe in ihrer Heiligkeit, ihrem vollen Ernste in's Bewußtsein führen können?

B) Die jesuitische Lehre von der Volkssouveränität.

a) „Damit obrigkeitliche Gesetze und Verordnungen verpflichtende Kraft bekommen, müssen sie promulgiert und vom Volke oder dem größeren Teil desselben angenommen worden sein." Man kann diesem jesuitischen Satze eine harmlose Bedeutung abgewinnen, wie ja in einem konstitutionell geordneten Staatswesen das Volk durch seine Vertretung in entscheidender Weise auf die Gesetzgebung einwirkt. Allein sehr bedenklich lauten sowohl die jesuitische Begründung jenes Satzes als die Konsequenzen, die daraus gezogen werden. Diana beantwortet die Frage: „Ist die Zustimmung und Annahme durch's Volk nötig, damit ein Gesetz verpflichtet?" in folgender Weise: „Ja, die Gesetze verpflichten uns aus keinem anderen Grunde, als sofern sie durch Volksbeschluß angenommen sind . . Das gilt freilich für die Gesetze des Papstes nicht, da er die Jurisdiktion unmittelbar von Gott erhalten hat, und nicht wie die weltlichen Fürsten vom Volk."[1] — Dies ist auch die Anschauung von Tanner, Beccanus, Filliucius u. a. Suarez teilt diese Meinung nicht. Die Frage, ob Unterthanen schwer sündigen, wenn sie ein vom Fürsten legitim verkündigtes Gesetz nicht annehmen, wird fast allgemein dahin beantwortet, „daß Unterthanen, die auch ohne genügenden Grund ein Gesetz nicht annehmen, keine Schuld auf sich laden, wenn nicht dem Staate ein großer Nachteil daraus erwächst,"[2] wie Diana sich ausdrückt. Mit Diana stellen Escobar und Valentia die Lehre auf: „Unterthanen, die ein gerechtes Gesetz gleich zu Anfang seiner Verkündigung ohne gerechte Ursache nicht annehmen, sündigen nicht, weil ein Gesetz vor der Annahme desselben durch das Volk keine verbindende Kraft hat; denn noch ist jene stillschweigende Bedingung nicht erfüllt, unter der es erlassen wurde: Wenn das Volk es angenommen haben wird."[3] Palao ist jedoch gegenteiliger Ansicht. Diana, Escobar und Salas werfen die Frage auf: „Können Unterthanen bei dem Gesetzgeber Bittschriften gegen ein Gesetz einreichen und es einstweilen nicht halten?" Die Antwort lautet bejahend, „weil bei dem Gesetzgeber eine so liebevolle Gesinnung vorausgesetzt wird, daß, wenn irgend ein gerechter Grund dem Gesetz entgegensteht, er davon in Kenntnis gesetzt werden möge, um es zu widerrufen."[4] Wie gering die Jesuiten über den Wert bürgerlicher Gesetze denken, beweisen auch folgende Sätze: „Ist eine gewisse Zeit notwendig, damit ein Gesetz durch den Nichtgebrauch außer Kraft gesetzt wird? Nach Azorius ein Zeitraum von 10 Jahren; Diana, Suarez u. a. behaupten dagegen, eine bestimmte Zeit sei hierzu nicht erforderlich, sondern

---

[1] Diana (A) I, pag. 183, res. I. [2] Diana l. c., res. II. [3] Escobar, pag. 54 n. 93. [4] ib. pag. 54, n. 94.

es genüge schon die Zurückweisung des Gesetzes durch eine genügende Anzahl
gegenteiliger Handlungen(!);" nach Azorius sind schon zwei oder drei solcher
Akte hinreichend. Doch müssen dieselben nach Rodriguez, Miranda u. a. mit
Wissen der königlichen Beamten begangen worden und straffrei geblieben
sein.[1]) Ebenso Escobar: „Damit ein Gesetz durch den Nichtgebrauch in
Abgang komme, ist schon die Widersetzlichkeit des Volkes durch entgegengesetzte Handlungen hinreichend. Ja, Azorius behauptet, daß mit Wissen
und ohne Einschreiten des Fürsten und seiner Beamten zwei oder drei
Handlungen gegen das Gesetz genügen, es zu annullieren."[2]) Diese und
ähnliche Sätze zeigen sich in ihrer ganzen Gefährlichkeit, wenn wir sie in's
Licht der eigentlichen Lehre von der Volkssouveränität stellen:[*])

b) Nach Laynez „besitzen die menschlichen Gemeinwesen ihr Wesen
von Anfang an und gestalten sich dann ihre Regierung; daher sind sie frei
und ist die Quelle aller Gewalt bei der Gesamtheit, welche dieselbe ihren
Obrigkeiten mitteilen, ohne sich dadurch dieser Gewalt selbst zu berauben."[3])
Die Anschauung Bellarmins bezüglich der Volkssouveränität gipfelt in den
Sätzen: „Die weltliche Macht ist zwar von Gott, aber durch Vermittlung
menschlicher Entscheidung und Wahl." „Es hängt ab von dem Ueberein-
kommen der Menge, ob sie Könige oder Konsuln oder andere Obrigkeiten
über sich setzt." „Daraus folgt, daß wenn ein gültiger Grund vorliegt,
die Menge ein Königreich in eine Aristokratie oder Demokratie oder auch
umgekehrt umwandeln könne, wie es die Römer thaten." „Die Staats-
gewalt ruht unmittelbar in der gesamten Menge als ihrem Subjekte, denn
diese Gewalt ist göttlichen Rechts; das göttliche Recht aber hat keinem
einzelnen Menschen die Gewalt gegeben, folglich der Gesamtheit. Diese
Gewalt kann von der Menge auf einen oder mehrere übertragen werden.[4])
Der berüchtigtste Apostel der Volkssouveränität ist der Spanier Mariana:
„Wenn das ganze Volk oder seine Abgeordneten einstimmig ihren Willen
erklären, so hat der König nicht mehr das Recht, zu befehlen; wenn die
Abgeordneten ihm Widerstand leisten, so wird man vielmehr ihrem Ausspruche als dem Willen des Königs beitreten."[5]) Auch die Sprache des
Franzosen Rainold, der während des 30 jährigen Krieges geschrieben, läßt
an Deutlichkeit nichts zu wünschen übrig: „Die Erbfolge beruht nur auf
einem Vertrage mit dem Volke . . Wenn der König durch Gottlosigkeit
und Ketzerei gebrandmarkt ist, so steht es in der Gewalt des Volkes, einem
solchen den Gehorsam zu verweigern trotz der nächsten Ansprüche auf den
Thron. . . Regiert der König nicht mehr dem Willen des Volkes gemäß,
so ist das Volk nicht mehr zu Gehorsam und Treue verpflichtet, es darf
ihn seiner Würde entkleiden. . . Wer immer leugnet, daß Reiche und Herr-

---

[1]) Diana (A) I, pag. 185, res. VII. [2]) Escobar, pag. 58 n. 109. [3]) Eisele
(Jesuitismus u. Kath.), S. 141. [4]) ib. S. 144. [5]) ib. S. 144.
[*]) Verfasser verweist für diesen und den folgenden Abschnitt auf: „Eisele,
Jesuitismus und Katholizismus", S. 140—155.

schaften „aus gerechten Gründen" von den alten regierenden Häusern auf neue übertragen werden können; wer den christlichen (d. h. den katholischen) Völkern die Verpflichtung auferlegt, immer denjenigen zu gehorchen, welche sie einmal an die Spitze gestellt haben, der ist nicht nur ein Feind und Verräter der christlichen Völker, sondern er muß wie ein Abtrünniger angeklagt und zur Hölle verdammt werden als ein Feind des Christentums und der göttlichen Majestät."[1]) Durch diese Lehren wurden die immer konsequenten Jesuiten weiter geführt zur

C) Lehre vom Königsmorde.

a) Hören wir zunächst einige Vertreter derselben. Im allgemeinen stellt Lessius den Grundsatz auf: „Es ist sittlich zulässig, einen ungerechten Angreifer zur Verteidigung des eigenen Lebens in der Notwehr zu töten. . . Darum ist dies auch Klerikern, Mönchen und Laien erlaubt, und zwar gegen jeden, selbst den Oberen, wie dem Mönche gegen den Abt, dem Sohn gegen den Vater, dem Knecht gegen den Herrn, dem Vasallen gegen den Fürsten, in welchem Geschäfte man auch begriffen sei; z. B. wenn einer die Messe liest und er wird angegriffen, so kann er nötigenfalls den Angreifer töten und darauf die Messe fortsetzen."[2]) Speciell auf den Tyrannenmord wendet Lessius diesen Grundsatz in folgender Weise an: „Wenn einer in dem Sinn ein Tyrann ist, daß er ohne jeden Rechtstitel die Herrschaft an sich reißt, wie die Türken orientalische Königreiche, dann kann er vom nächsten Besten im Lande getötet werden; dieses ist allgemeine Ansicht der Doktoren, wie auch der heilige Thomas für diese Meinung den Cicero anführt, welcher die Mörder Cäsars lobte. . . Anders ist's aber, wenn einer rechtmäßiger Fürst ist und nur als Tyrann regiert, d. h. nicht zum allgemeinen Wohl sondern für seinen Privatvorteil, indem er dem Volke ungerechte Abgaben auferlegt, öffentliche Aemter verkauft (— was die Jesuiten übrigens gestatten —) und Gesetze erläßt, wie sie ihm passen, dem Volke aber wenig nützen. Ein solcher kann nicht von Privatpersonen getötet werden, solange er Fürst bleibt . . Wenn die Tyrannei aber so zunimmt, daß sie nicht länger zu ertragen ist, auch kein anderes Mittel mehr übrig bleibt, so ist der Fürst zuerst durch den Staat oder durchs Parlament oder eine andere mit Autorität bekleidete Instanz abzusetzen und als Feind zu erklären. Dann ist's jedem gestattet, ihn zu töten; denn nun hört er auf, Fürst zu sein."[3]) Keller schreibt zu dieser blutigen Frage: „Tyrannen, welche mit feindlichen Hilfsmächten gegen Recht und Gesetz andere Reiche an sich reißen, verwüsten u. s. w. dürfen von jedem ermordet werden. . . Ist der Tyrann aber durch Erbfolge, Wahl oder ein anderes Recht auf den Thron gelangt, dann darf er weder von einem Bürger noch von einem Fremden getötet werden. Welcher Trost bleibt aber alsdann dem betrübten

---

[1]) ib. S. 145. [2]) Lessius, l. 2, c. 9, dub. 8, n. 41, pag. 84. [3]) ib. lib. 2, c. 9, dub. IV, n. 7. 10. 12., pag. 78 squ.

Vaterlande? . . Die Theologen raten die Absetzung des Tyrannen, und die Stellung des abgesetzten Tyrannen ist von der jedes andern Verbrechers nicht verschieden, man darf ihn töten."[1]) S u a r e z schreibt nach A z o r i u s und S o t u s: „Wenn ein legitimer Fürst tyrannisch regiert und es ist kein anderes Verteidigungsmittel übrig als ihn zu verjagen und abzusetzen, so kann der ganze Staat, die Gesamtheit der Bürger, zu diesem Mittel greifen und einen Aristokraten zum König einsetzen. . . . Nachdem der Fürst durch solches Urteil der Herrschaft beraubt ist, so kann der, der den Urteilsspruch fällte oder ein Beauftragter, den Fürsten nötigenfalls töten. . . Eine Privatperson darf es nur dann thun, wenn es im Absetzungsdekret befohlen ist."[2]) Ganz unverblümt schreibt Em. S a: „Derjenige, welcher einen Staat, den er rechtmäßig an sich gebracht hat, tyrannisch regiert, kann nur durch ein öffentliches Urteil der Herrschaft beraubt werden; sobald dieses aber gefällt ist, kann sich jeder zum Vollstrecker desselben aufwerfen; ein solcher Fürst kann auch durchs Volk abgesetzt werden, obschon es ihm ewige Treue geschworen hat, wenn er keine Ermahnungen annimmt und sich nicht bessern will. Denjenigen aber, der die Herrschaft unrechtmäßiger Weise an sich gerissen hat und tyrannisch regiert, darf jeder aus dem Volk ums Leben bringen, wenn es kein anderes Mittel giebt."[3]) Ein weiterer Zeuge ist T a n n e r, dem wir die Sätze entnehmen: „Es ist jedem Bürger eines unterdrückten Staates erlaubt, einen Tyrannen zu töten. . . Das Volk hat das Recht, sich gegen einen Fürsten zu empören, welcher aus einem Hirten der Völker ein Wolf geworden ist."[4]) Das Unglaublichste leistet M a r i a n a: „Das Volk kann den König zwingen, die Gesetze zu erfüllen, die es erlassen hat; es hat das Recht, den Ungehorsamen vom Throne zu stürzen und ihn mit dem Tode zu bestrafen. . . . Der Tyrann gleicht einem reißenden wilden Tiere; soll man es nicht loben, wenn jemand mit Gefahr seines Lebens den Staat von ihm errettet? Man darf behaupten, daß gegen einen Tyrannen die Geschosse aller gerichtet werden müssen, als gegen ein grausames Ungeheuer. . . Wenn ein König die öffentlichen Gesetze und die heilige Religion mit Füßen tritt, dann muß man es nicht länger ertragen. Der leichteste Weg, sich eines solchen Fürsten zu entledigen, ist, daß die Stände ihn für einen Feind des Vaterlandes erklären, der mit dem Schwerte zu töten ist. Das Recht hierzu hat auch jeder Privatmann, der sein Leben für das Heil des Staates wagen will. . . In der That, es würde vortrefflich um die Angelegenheiten der Menschen stehen, wenn es viele starkmütige Menschen gäbe, die für die Errettung des Vaterlandes Leben und Glück gerne aufs Spiel setzen." Ausdrücklich gestattet Mariana die Ermordung dieser „pestartigen Tyrannenbrut" auch durch Gift, weil das mit weniger Gefahr verbunden ist, und endlich schließt er das ganze Kapitel mit einer begeisterten Apotheose der Fürstenmörder.[5])

---

[1]) Keller, pag. 41. 47. [2]) Suarez, l. VI, c. IV, pag. 415, squ. n. 15. 18.
[3]) Sa, pag. 611. [4]) Eisele, l. c., S. 150. [5]) Mariana, pag. 78; 51—64.

b) Ueber den jesuitischen Begriff des „Tyrannen" belehrt uns Rainold in folgenden Worten: „Die dritte und ruchloseste Art von Tyrannen sind die keßerischen Könige; jeder keßerische König ist notwendig ein Tyrann; keßerische Fürsten waren immer Gegenstand der Verachtung; alle Propheten haben behauptet, sie seien schlechter als Hunde. Ein keßerischer König ist der größte Bösewicht unter den Menschen; er muß nach dem Befehl der heiligen Schrift getötet werden; er kann über keinen Christen herrschen; er ist der Religion gefährlicher als der Sultan; durch seine Ketzerei geht er seiner königlichen Würde verlustig und niemand darf ihm gehorchen."[1] — Solche Sprache führt ein Orden, der sich zu gleicher Zeit unseren „keßerischen" Fürsten als sicherste Stütze ihrer Throne anpreist!

Wir müssen es uns leider versagen, die ganze Reihe jesuitischer Kasuisten aufzuführen, die den Königsmord lehren; es seien nur noch einige Namen genannt: Escobar, Delrio, Beccanus, Valentia, Bonartius, Salas, Comitolus u. s. w. u. s. w., sie alle bekennen sich zur allgemeinen Lehre ihres Ordens. Und das Brockhaussche Konversationslexikon, d. h. sein jesuitenfreundlicher Mitarbeiter, setzt die Behauptung in die Welt: Mariana sei der einzige Jesuit, der etwas wie Tyrannenmord lehre!! So finden die „schwarzen Jakobiner" immer wieder ihre Verteidiger.

Nach allem, was wir über die jesuitischen Lehren von der Volks= souveränität hörten, kann uns die ultramontan=demokratische Bruderschaft wie sie z. B. in Württemberg in so häßlicher Gestalt zu Tage tritt, nicht wundern: die tiefste innere Verwandtschaft führt die in manchen Dingen so ungleichen Brüder zusammen gegen alles, was wahrhaft evangelisch und protestantisch heißt. Der demokratische Freisinn bedenkt dabei freilich nicht, daß die Jesuiten neben der weitgehendsten Freiheit, die sie auf politischem Gebiet unter Umständen darein geben können, in geistigen und religiösen Dingen um so weniger von Freiheit wissen wollen und dadurch jeden wahren Fortschritt der Völker von vornherein unmöglich machen. Umgekehrt aber bedenkt man im ultramontan-jesuitischen Lager bei der Verbrüderung mit der Demokratie viel zu wenig, daß, wenn letztere heute ihre antimonarchischen Ziele erreichen würde, sie ihre Macht zuerst dem früheren Verbündeten, der römischen Kirche, zu fühlen gäbe, wie die Geschichte der französischen Demokratie deutlich genug beweist.

Anmerkung. Der Jesuiten=General Aquaviva erließ, gedrängt durch die im höchsten Grade gegen den Orden erregte öffentliche Meinung, mehrere scheinbare Verbote des Tyrannenmordes, scheinbare, wie aus Folgendem hervor= geht: 1. Es hatte der Ermordung Heinrichs IV. sowie einer Verurteilung der Schrift Marianas (s. o.) durch das französische Parlament bedurft, bis Aquaviva seinerseits sich veranlaßt sah, im Jahre 1610, volle zwölf Jahre nach dem ersten Erscheinen des genannten Buches, über die darin enthaltene Lehre vom Fürsten= mord eine Censur zu verhängen. 2. Aquaviva folgte dabei, wie bemerkt, nur

---

[1] Eisele l. c., S. 149 f.

dem Drucke der öffentlichen Meinung; war doch Marianas Buch mit seiner eigenen Approbation 1598 in erster, 1605 in zweiter Auflage erschienen, und hatte er — der General — noch 1609 sogar die Dedikation eines Buches von Heissius, das die Lehren Marianas verteidigte, angenommen! 3. Die Censur selber lautet echt jesuitisch: „Nicht jedem ist's erlaubt, unter jedem möglichen Vorwand der Tyrannei Könige und Fürsten zu ermorden oder ihrem Leben nachzustellen." Also nur nicht gerade jedem und nur nicht unter dem nächsten besten Vorwand! Wirklich schlau! 4. Die Jesuiten haben denn auch mit Billigung Aquavivas nach wie vor den Fürstenmord lustig weiter gelehrt: 1611 Keller, Serier und Salas; 1614 Suarez (von ihm die Worte: „Der Staat kann von jedem beliebigen seiner Bürger, ja auch von jedem beliebigen Auswärtigen gegen einen Tyrannen verteidigt werden; und wenn das nicht anders geschehen kann als durch Ermordung desselben, so ist es jedem Beliebigen aus dem Volke gestattet, ihn zu töten ... Dies gilt ausdrücklich auch vom ketzerischen Fürsten; denn durch seine Ketzerei wird er sofort gewissermaßen der Herrschaft beraubt .. Er bleibt jedoch nichtsdestoweniger rechtmäßig im Besitz derselben, bis er durch Urteil oder wenigstens öffentliche Erklärung wegen seines Verbrechens verurteilt ist. Aber sobald das Urteil über ihn gesprochen ist, geht er seiner Herrschaft völlig verlustig: darum kann er jetzt ganz und gar als Tyrann behandelt und konsequenter Weise von jedem Privatmann getötet werden;" so Suarez, in defensio fidei catholicae, lib. VI, cap. IV. n. 13 u. 14, pag. 415. Das Absetzungsurteil gegen den ketzerischen Fürsten kann aber der Papst aussprechen); 1627 Tanner; 1628 Lessius; 1633 Beccanus; 1659 Escobar u. s. w. Gury hält die Lehre vom Tyrannenmord temporum ratione habita für „improbabel und falsch." I, pag. 320. Im übrigen sei zur vorliegenden Frage verwiesen auf: „Deutsche Reichspost", 1888, Nr. 38, 44 u. 49.

VIII. Das fünfte Gebot:

Du sollst nicht töten.

Luther: Wir sollen Gott fürchten und lieben, daß wir unserem Nächsten an seinem Leibe keinen Schaden noch Leid thun, sondern ihm helfen und ihn fördern in allen Leibesnöten.

(Vrgl. Matth. 5, 21—26.)

1. Die Nächstenliebe.

a) „Die Ordnung der Liebe verlangt, daß man nach Gott zuerst sich selbst liebt in Beziehung auf geistliche Güter, dann den Nächsten, gleichfalls in Beziehung auf Geistliches; für's dritte sich selbst in Beziehung auf's leibliche Wohl, dann den Nächsten, ebenfalls hinsichtlich seines leiblichen Wohlseins; endlich sich selbst und dann den Nächsten in Beziehung auf äußere, irdische Güter."[1] So sämtliche Kasuisten; nur wo also das geistliche, ewige Wohl des Nächsten in Frage kommen kann, gestatten die Jesuiten, die Rücksicht auf das eigene Ich, auf sein leibliches Wohl, seine Gesundheit, sein Leben hintanzusetzen, wie z. B. ein Priester auch mit Gefährdung des eigenen Lebens Pestkranken die Tröstungen der Religion

---

[1] Busenbaum, pag. 68, dub. I.

bringen muß. Sonst aber lautet der jesuitische Kanon: Quisque sibi ipsi conjunctior est quam proximo; ergo se magis tenetur diligere quam proximum, wie Beccanus[1]) sagt; d. h. doch wohl: Jeder ist sich selbst der Nächste? Bei Beccanus lesen wir ferner: „Es ist eine größere Sünde, sich selbst zu töten als den Nächsten; darum ist die Verpflichtung, auf Bewahrung des eigenen Lebens bedacht zu sein, größer als die Rücksicht auf das Leben des andern. . . . Ich stehe mir selbst näher als (etwa) mein Vater; darum wenn das Leben meines Vaters in Not und Gefahr kommt, muß ich in gleicher Gefahr mein eigenes Leben dem seinigen voranstellen."[2]) Escobar schreibt mit bekanntem Scharfsinn: „Man soll den Nächsten lieben wie sich selbst; ‚wie sich selbst‘ bedeutet aber nicht die Gleichheit sondern die Aehnlichkeit."[3])

b) Das Almosen. „Man braucht — nach allgemein jesuitischer Anschauung — kein Almosen zu geben aus denjenigen Gütern, die zum Unterhalt des eigenen Lebens nötig sind;" so Beccanus,[4]) Busenbaum[5]) u. a. Nur aus seinem Ueberfluß ist man zu geben verpflichtet. „Was aber notwendig ist, um seine Kinder und Bedienten zu erhalten, seines Standes würdige Geschenke zu machen und Gastmähler zu geben, Besuche zu bewirten (soweit es nicht geschieht, um „ein großes Haus zu machen"), — das ist nicht überflüssig," nach Busenbaum u. a.[6]) Zur Notdurft gehört nach Escobar alles, was man zu einem standesgemäßen Leben braucht. „Notwendig für den Stand sind die Güter, ohne welche ein Fürst, Graf, Kaufmann seinen Stand nicht würdig bewahren kann; überflüssig, was er dazu nicht braucht."[7]) Darum werden solche Leute, wie Diana richtig bemerkt, „kaum je etwas übrig haben."[8]) Zum Ueberfluß, aus welchem man Almosen geben darf, rechnen Granado, Diana u. a. dasjenige nicht, was man zurücklegt, um „seinen Stand zu verbessern".[9]) Da kommen die Armen schlecht weg; wie leicht es aber die Jesuiten dem hartherzigen Geizhals machen, die Pflicht des Almosengebens zu umgehen, mögen noch folgende Sätze beweisen: „Das Gebot, Almosen zu geben, verpflichtet nicht, wenn man weiß, daß der Nächste in großer Not ist, aber gewiß oder wahrscheinlich feststeht, daß der Bedürftige von einem andern unterstützt wird,"[10]) nach Beccanus und allen andern Kasuisten. „Die Verpflichtung, Almosen zu geben, tritt aber ein, wann man in der Lage ist, dem Nächsten, der sich in äußerster Not befindet, aus seinem Ueberfluß etwas zu reichen!"[11]) Also nur in „äußerster Not" und vom „Ueberfluß"! Busenbaum verlangt, daß man für gewöhnlich dem Armen, der in höchster Not ist, auch mit den zum standesgemäßen Leben nötigen Gütern helfen solle; „hältst du es aber für einen größeren Schaden, wenn du ‚aus deinem Stande herausfällst‘,

---

[1]) Beccanus Tract. I; c. XIX. n. 10, pag. 374. [2]) ib. n. 16. [3]) Escobar, pag. 626 n. 2. [4]) Beccanus, pag. 374 n. 15. [5]) Busenbaum, pag. 75, I. [6]) ib. III. [7]) Escobar, pag. 632 n. 43. [8]) Diana (B), pag. 232 n. 13. [9]) ib. [10]) Beccanus, pag. 376, c. XXI. 5 dub 4. [11]) ib. n. 6.

als wenn der Arme stirbt, dann bist du nicht zur Hilfe verpflichtet."[1]
Laymann, Busenbaum u. a. belehren uns: „Eine gerechte Ursache, dem
Armen das Almosen, um das er bittet, zu verweigern, ist auch die: wenn
der Reiche den Vorsatz hat, es zu einer geigneteren Zeit und an einem
geeigneteren Orte oder einem andern zu geben oder ad pium usum d. h.
für die Kirche zu stiften."[2] Allgemein wird auch von den mitleidigen
Vätern gelehrt, daß man nicht verpflichtet sei, die Armut aufzusuchen,
ebenso nicht, „dem Armen eine größere Summe Geldes zu geben, um eine
sehr teure Arznei zu kaufen, die nötig ist, um sein Leben zu erhalten."[3]
Nach Busenbaum und Laymann darf „einem, der allen Armen die
Thüre wies, und wäre er noch so reich, die Absolution nicht verweigert
werden."[4]

2. Die Feindesliebe. Laymann schreibt: „Die Feinde soll man
lieben als mit uns derselben Natur teilhaftig und derselben ewigen Seligkeit
fähig. . . Dennoch darf man sie hassen und verabscheuen, weil in ihnen
das Uebel der Sünde ist, oder wünschen, daß sie von Gott oder einer
rechtmäßigen Obrigkeit bestraft werden; ja, wir können uns auch freuen
über ihre Bestrafung und trauern, wenn wir sehen, daß den Sündern ihre
Unternehmungen wohl gelingen! . . Den Sündern ist es selber vom
höchsten Nutzen, wenn sie durch Armut, Krankheit und anderes Ungemach
zur Besinnung kommen oder durch vorzeitigen Tod aufhören müssen, ihre
Verdammnis noch zu vergrößern. . . Die besonderen Zeichen der Liebe ist
man dem Feinde für gewöhnlich nicht schuldig, also z. B. ihn in der Krankheit zu besuchen, im Leid zu trösten, ihn zu grüßen, als Gast aufzu-
nehmen u. s. w."[5] Ebenso Gury[6], Busenbaum[7] u. s. w. Busenbaum
kommt dem rachsüchtigen Herzen überhaupt sehr weit entgegen: „Obgleich
man verpflichtet ist, dem reumütig um Verzeihung bittenden Feinde nicht
nur innerlich, sondern auch durch äußerliche Zeichen zu verzeihen, so leugnen
das doch Azorius und Filliucius, weil das zu gewaltsam wäre und die
menschliche Gebrechlichkeit übersteigen würde. Man ist nicht einmal verpflichtet, dargebotene Genugthuung anzunehmen, sondern kann sie vor Gericht
fordern, wenn nur der Haß beiseite gelegt wird, wie Valentia, Navarra,
Laymann lehren";[8] also vor Gericht darf man den Feind, auch wenn er
zu jeder Genugthuung bereit ist, immer noch herumziehen! Busenbaum und
Coninch gestatten es, auch die Person des Feindes zu hassen, „sofern sie
uns schädlich ist".[9] Sa, Soto, Escobar u. a. halten es für keine
Sünde, „dem Feinde, der uns sehr schadet, den Tod zu wünschen, nur
nicht aus Haß, sondern um den eigenen Schaden zu vermeiden; ebenso
darf man sich über den Tod den Feindes freuen, wegen des Guten, das

[1] Busenbaum, pag. 75, III. [2] Laymann I, pag. 289; Busenbaum, pag. 77, II. [3] Busenbaum. pag. 76, IV. [4] Busenbaum, pag. 77; Laymann I, pag. 289. [5] Laymann I, pag. 285, ass. 1 n. 2. [6] Gury I, pag. 162—165. [7] Busenbaum, pag. 70, dub. II. [8] ib. pag. 72, III. [9] ib. pag. 73 oben.

daraus folgt!"[1]) (Vergl. 2. Sam. 1!) Auch nach Escobar darf man den Nächsten hassen, nicht nur sofern er Sünder ist, sondern auch sofern er Mensch ist, in Ansehung des Unheils, das er anrichtet."[2]

3. Der Mord.

a) Ermordung Unschuldiger: „Ist es gestattet, unschuldige Geißeln zu töten, wenn die Feinde die Treue gebrochen haben? Antw. Ja, weil Geißeln unter der Bedingung gegeben werden, daß der Feind gezwungen werde, eingegangene Verträge zu halten." So entscheiden Escobar,[3] Azorius, Diana.[4] Escobar und Beccanus gestatten es einem katholischen Fürsten, „seine Unterthanen zu bekriegen, wenn sie vom katholischen Glauben abfallen und Ketzer werden, nach dem Beispiel Moses, der 3000 seiner Volksgenossen, welche das goldene Kalb angebetet hatten, erwürgen ließ."[5] „Ein Weib ist entschlossen, sich den Tod zu geben, um der Schmach der Schwangerschaft zu entgehen; darf man ihr den Rat geben, einen Abortus künstlich herbeizuführen? Der Cardinal Lugo bejaht es, wenn sie auf andere Weise nicht von ihrem Vorsatz abgebracht werden kann;" so auch Escobar.[6] Torreblanca, Leo Zambellus, Lezzana u. a. gestatten es einem schwangeren Mädchen, einen Abortus herbeizuführen, um Ehre und guten Ruf nicht zu verlieren. Diana kann jedoch dieser Meinung nicht beistimmen, obgleich sie ihm „von einem sehr gelehrten Theologen der Gesellschaft Jesu" als probabel bezeichnet wurde.[7] Gury gestattet das nicht. Echt jesuitisch schreiben Azorius u. a.: „Eine Frau kann durch Bäder, Medikamente u. s. w. einen künstlichen Abortus herbeiführen, nur darf sie dabei nicht die Absicht haben, den Fötus direkt zu gefährden, sondern Leben und Gesundheit zu bewahren."[8]

b) Die Ermordung des Diebes ist gestattet nach Escobar und Laymann, wenn die gestohlene Summe überhaupt einen größeren Wert repräsentiert;[9] nach Molina, wenn der Dieb sechs oder sieben Dukaten gestohlen hat, oder wenigstens einen Thaler;[10] Binsfeld, Sotus u. a. meinen, zwei oder drei Thaler seien doch zu wenig, dagegen sei bei vier oder fünf Thalern die Ermordung des Diebes gerechtfertigt. Dem Diana kommt diese Anschauung etwas lax vor; er verlangt daher, daß die gestohlene Sache „von großem Wert sein müsse", damit man den, der sie entwenden will, umbringen dürfe;[11] ebenso Azorius u. a.

c) „Darf ein Mann von Ehre denjenigen töten, der ihn beschimpft oder ihm ins Gesicht sagt: Du lügst? Azorius leugnet es, weil Verbalinjurien durch Worte abgewehrt werden können; aber Baldellus gestattet

---

[1]) Escobar, pag. 650 n. 145. [2]) ib. pag. 636 n. 64. [3]) ib. pag. 124. [4]) ib. [5]) Escobar ib.; Beccanus, pag. 355. [6]) Escobar, pag. 126 n. 64. [7]) Diana (A) VII, pag. 147, XXXII: Tom. VI, pag. 247, XXXVII. [8]) Azorius III, pag. 138 n. 22. [9]) Escobar, pag. 122 n. 43 u. 44; Laymann I, pag. 461, ass. III. [10]) Escobar, pag. 122. [11]) Diana (A) V, pag. 120, res. XVIII; Azorius III, pag. 138.

es," Escobar natürlich auch[1]) Lessius billigt die Meinung des Navarra, Henriquez, Corbuba, Penna, Clarus u. a., daß wer eine Ohrfeige erhalten habe, sofort, auch mit dem Schwert, wieder zuschlagen dürfe; flieht der Angreifer, so darf man ihn verfolgen und niederstrecken."[2]) Henriquez schreibt zu diesem Gegenstand: „Falls ein vornehmer Mann (Adeliger, Offizier 2c.) durch Schreien oder durch die Flucht der Todesgefahr entgehen kann, so sündigt er nicht, wenn er stehen bleibt und im Streit den Angreifer tötet; ein Mönch oder Kleriker aber muß fliehen. . . Wenn ein Ehebrecher, selbst ein Geistlicher, obgleich er die Gefahr bemerkt, bei einem ehebrecherischen Weibe eingetreten ist und nun, überrascht von dem Gatten, diesen zur Verteidigung seines Lebens oder seiner Glieder tötet, so scheint er nicht irregulär zu werden."[3])

d) Nach Lugo und Sa ist einer, „der aus veralteter Gewohnheit flucht, mordet u. s. w. von der Sünde zu entschuldigen, ebenso von der Beichte", d. h. der Mörder aus Gewohnheit sündigt nicht und muß nicht beichten.[4])

Anmerkung: Papst Innocenz XI. verdammte die auf den Abortus und die Tötung des Beleidigers bezüglichen Sätze.

IX. Das sechste Gebot:
Du sollst nicht ehebrechen.

Luther: Wir sollen Gott fürchten und lieben, daß wir keusch und züchtig leben in Worten und Werken und ein jeglicher sein Gemahl liebe und ehre.
(Vrgl. Matth. 5, 27—30.)

Vorbemerkung: Wir müssen uns natürlich darauf beschränken, die jesuitische Behandlung der hierher gehörigen Fragen nur anzudeuten; was Jesuiten in Beziehung auf das sechste Gebot geschrieben haben, gehört wohl zum Allerschmutzigsten, was je über die Druckerpresse ging.

1. „Hinsichtlich der Gedanken frage ich, ob es eine Sünde sei, wenn bei unzüchtigen Gedanken der Wille weder beistimmt noch mißbilligt, sondern nur erlaubend sich verhält, indem er die Regungen der Unzucht weder verhindert noch unterdrückt, obgleich er es könnte, wenn er sich innerlich davon abwendete? Probabel behauptet Sanchez, es sei keine Todsünde. „Aber gefährlich ist's immerhin, solchen Gedanken die Zügel schießen zu lassen," lesen wir bei Escobar.[5]) Azorius schreibt bezüglich unzüchtiger Gedanken und Begierden: „Quid dicendum de eo, qui patitur in se cogitationes

---

[1]) Escobar, pag. 123 n. 49. [2]) Lessius, pag. 89 n. 79. [3]) ib. 1. 14 c. 10 n. 3, pag. 858 squ. [4]) Tamburini, pag. 118. 119: Idem dicendum videtur in caeteris peccatis blasphemandi, occidendi, vulnerandi etc., si (quis) forte ex inveterata consuetudine haec inadvertenter committeret: ... cum excusetur a peccato, excusabitur a confessione. [5]) Escobar, pag. 153, 88.

rerum turpium, an teneatur eas abjicere eo solum, quod praevident pollutionem ex eis secuturam, etiamsi non intendat illam pollutionem, nec periculum sit consentiendi in eam? Respondeo, idem esse dicendum de cogitationibus, quod dixi de aliis factis, aut rebus, sive causis, ex quibus sequi solet pollutio: nam si jus habemus cogitandi de re turpi, nimirum propter confessiones audiendas, aut conciones habendas, aut lectiones, aut ob discendum, aut denique ob aliquam causam utilem, tunc non tenemur repellere eas cogitationes, sed licite cogitamus, et tunc pollutio inde secuta non est voluntaria, sed solum permissa tempore quo non tenemur eam evitare, et sic non nobis imputatur culpae."[1]) Nach Sanchez und Escobar kann sich ein Ehegatte in Abwesenheit des andern den unzüchtigsten Gedanken und Begierden hingeben.[2]) — Ueber unzüchtige Blicke, Berührungen u. f. w. schreibt Filliucius: „Nackte Personen verschiedenen Geschlechts dürfen sich nur aus der Ferne auf kurze Zeit ansehen. . . Umarmungen nackter Personen, auch verschiedenen Geschlechts, etwa im Bade, sind keine Todsünde, besonders an abgeschlossenen Orten, und wenn es niemand sieht."[3]) Nach Fagundez, Escobar u. a. sind Verheirateten „Berührungen und Küsse jeder Art erlaubt."[4]) Salas „sponsis de futuro pudendorum permittit adspectus, quia non tantam habent connexionem cum copula, quam tactus," welch letztere er Verlobten nicht gestattet; dafür gestattet dies ein anderer, der doctor gravis Sanchez: „Sanchez ait licere oscula et tactus externos, etiamsi pollutio secutura praevideatur."[5])

2. Vasquez, Sanchez, Escobar u. a. schreiben: „Sündigt jemand, der bei einer erlaubten Handlung eine Befleckung erleidet? Antw.: gar nicht, weil diese Handlung nur zufällig dahin führt. Daraus schließe ich (Escobar), daß jemand gar nicht verbunden sei, sich hitziger Speisen, des Reitens und dieser oder jener Art zu liegen, zu enthalten, auch wenn er aus Erfahrung weiß, daß er sich dadurch eine Befleckung zuzieht; nur darf er nicht in dieselbe einstimmen —"[6]) aber sich darüber ergötzen, wie Busenbaum, Lessius u. a. lehren.[7]) Azorius: Quid dicendum quando non habemus jus, vel obligationem ad id, unde praevidetur secutura pollutio, sed tantum est nobis ‚utile' illud facere, an tunc imputabitur culpae nobis, si non evitamus, unde praevidetur pollutio secutura? Resp.: non teneri nos evitare illud;" als Beispiel führt er u. a. an: „Qui simplici et sincero animo adspicit aut alloquitur foeminum, quoniam est sibi utile id facere, aut quando ipsa foemina indiget, aut alius tertius eget, ut alloquatur."[8]) Im gleichen Sinne schreiben Laymann, Gury u. a.[9])

[1]) Azorius III, pag. 205 n. 7. [2]) Escobar, pag. 153 n. 86, besonders pag. 149 n. 73. [3]) Filliucius (A) II, pag. 411 n. 218; pag. 205 n. 174. [4]) Escobar, pag. 148 n. 66. [5]) Escobar, pag. 149 n. 74. [6]) Escobar, pag. 150 n. 77. [7]) Busenbaum, pag. 221, IV. [8]) Azorius III, pag. 204 n. 5. [9]) Laymann I, pag. 332; pag. 333, 18. Gury I, 341; 356.

3. Quis sub spe et conditione conjugii, ficte tamen promissi, virginem corrupit: tencturne eam ducere? Teneri putat Lessius, nisi sit longe nobilior, vel opulentior, vel putans illam esse virginem, in copula re vera non esse deprehendat," so alle Kasuisten.[1] Häufig begegnet man ber Frage: „Ein Weib hat durch Ehebruch Geld verbient, muß sie es ihrem Manne abgeben? Antw.: Molina bejaht es, weil ber Mann Herr ist über bie ehelichen Handlungen seiner Frau, es sei benn, baß sie es empfangen hat von jemanben, ber es nicht weggeben burfte, z. B. von einem Mönche. Das Weib muß bas jeboch im geheimen treiben, bamit sie ihrem guten Ruf nicht schabet. Aber Lessius lehrt, baß bas Gegenteil probabler sei; benn bas burch ben Ehebruch am Mann begangene Unrecht kann nicht mit Geld aufgewogen werden; bas Weib barf baher bas Geld, obgleich sie es unrechtmäßig erworben, boch rechtmäßig für sich behalten."[2] „An mortiferum, virile membrum in os uxoris immittere? Negat Sanchez;" nach Escobar unb Jagunbez ist's Todsünde.[3] Auch im lateinischen Urtext vermögen wir nicht wieberzugeben, was Escobar im Anschluß an Sanchez, Lessius u. a. pag. 149 n. 69—72 lehrt (zu orbinär).

4. Ueber bie Grünbe (Armut, Krankheit, Furcht u. s. w.), sowie über bie Art unb Weise, bie Zeugung ohne Sünde zu verhinbern vergl.: Diana (A) VI pag. 148 res. XXXVII; Diana (C) pag. 145 n. 8—14; Laymann I pag. 333 n. 19.

5. Nach Sa ist es keine schwere Sünde, „wenn jemanb für einen anbern einen Brief schreibt, worin er ein Weib zur Hurerei einlabet."[4] Sanchez ist in biesem Falle strenger. Azorius, Laymann, Busenbaum u. a. gestatten es, einem anbern auf mancherlei Weise zum Ehebruch behilflich zu sein, wenn sie nur selbst nicht mitthun.[5]

6. Behandlung ber Unzuchtssünden im Beichtstuhl.

a) Sämtliche Kasuisten bis herunter zu Gury gestatten bem Priester, Frauen bie Beichte zu hören etiam praevisa pollutione; Busenbaum belehrt uns hierüber: „Non obstante periculo pollutionis licet audire confessiones mulierum, studere casibus conscientiae, tangere se ex necessitate, foeminas . . alloqui, osculari, amplecti etc."[6]

b) Nach Filliucius hat ber Beichtpriester bie Beichtenben u. a. auszuforschen, ob, si copulam fecerunt — in vase naturali, an extra vas.[7] Gury giebt ben Rat: „Cavendi est prudenti confessario, ne de variis copulandi modis nimias faciat quaestiones, quae non solum inutiles sunt sed scandali etiam plenae. Hinc si poenitens dubium de his injiciat, confessario satis erit nosse, an completa fuerit pollutio extra vas debitum."[8] Tamburini giebt ben Rat, vorsichtig nach ben ·einzelnen

---

[1] Escobar, pag. 926 n. 211; weitere anstößige Stellen: Azorius III, pag. 226 n. 9; Tamburini, pag. 166 u. s. w. [2] Escobar, pag. 147 n. 59. [3] ib. pag. 148 n. 67. [4] Escobar, pag. 154 n. 97. [5] Busenbaum, pag. 92, IV. u. V. [6] Busenbaum, pag. 222 oben. [7] Filliucius (B), pag. 940. [8] Gury II, pag. 647; 912.

Umständen bei Vergehungen gegen das sechste Gebot zu fragen, sich aber nicht zu tief einzulassen, damit man nicht sich selbst oder den Beichtenden der Gefahr einer Versuchung aussetzt; man soll es nicht machen wie gewisse Priester, die mehr Verführer zur Unkeuschheit (contaminatores) als Beicht= väter seien.[1]

7. Wer mit Dämonen Hurerei treibt, ist nach Tamburini ver= pflichtet, in der Beichte anzugeben, ob der Dämon dabei die Gestalt eines Weibes oder eines Mannes, eines Mönches oder einer Nonne an= genommen hat.[2]

Noch sei eine Entscheidung Escobars angeführt: „Num Bulla Pii V. contra Clericos Sodomitas obliget in foro conscientiae? Henriquez sentit, usu non esse receptam probabiliter, nec in conscientiae foro obligare — (!). Quod si usu recepta sit, Clericus foeminam in indebito subigens vase, non committit ,proprie‘ Sodomiam; quia licet non servet debitum vas, servat tamen sexum (!!). Nec incurrit ex Suario poenas Bullae intra vas masculi semen non immittens, quia delictum non est consumma= tum(!). Nec ex eodem qui non nisi bis aut ter(!) in Sodomiam sunt lapsi, quia Pontifex has poenas Clericis exercentibus Sodomiam infligit. Nec (adhuc ex Suario) ante sententiam judicis declaratoriam poenas Bullae in foro conscientia incurrunt, quia nulla lex poenalis obligat homines ad se prodendum. Colligo Clericum exercentem Sodomiam, si sit contritus, etiam retento beneficio, officio et dignitate, omnino esse absolvendum.“[3] — Indem wir darauf verzichten, aus der Fülle des uns vorliegenden Materials Weiteres beizubringen, fügen wir die wiederholte Erklärung bei, daß die angeführten Entscheidungen noch zum Harmlosesten gehören, was Jesuiten in Beziehung auf das sechste Gebot leisteten. Ganz unglaublich ist, was z. B. Pater Bauny in seiner somme des péchés seinen französischen Landsleuten bietet. — In den „Geschichtslügen“, einem ultramontanen Machwerk, an welchem nichts wahr ist als der Titel, ver= sucht ein Dr. X. die Vorwürfe gegen die Jesuitenmoral zu entkräften. Be= züglich der Behandlung des sechsten Gebots durch Gury und seine Ordens= genossen schreibt genannter Doktor: „So lange die sündhafte Menschennatur mit derlei dunklen Vergehen und Lastern sich befleckt, so lange müssen auch die katholischen Priester . . angeleitet werden, wie sie bei solcher Gelegen= heit (im Beichtstuhl) sich verhalten, wie sie urteilen und helfen sollen. Sie sind dort in Wahrheit Richter bei verschlossenen Thüren, Aerzte für ge= heime Krankheiten.“[4] Wie diese Aerzte ihre Kunst ausüben, wo sie nach jesuitischer Methode den Patienten behandeln, das kennen wir nun zur Genüge.

---

[1] Tamburini, pag. 187. [2] ib. pag. 189. [3] Escobar, pag. 155 u. 102.
[4] Geschichtslügen, 7. Aufl. 1887, pag. 543 f.

X. Das siebente Gebot:

Du sollst nicht stehlen.

Luther: Wir sollen Gott fürchten und lieben, daß wir unserem Nächsten sein
Geld oder Gut nicht nehmen noch mit falscher Ware oder Handel an uns bringen,
sondern ihm sein Gut und Nahrung helfen bessern und behüten.

1. „In äußerster oder (nach Laymann) in beinahe äußerster
Not ist alles Gemeingut,"[1] so lautet der Satz, welcher der jesuitischen
Lehre vom Diebstahl zu Grunde liegt. Wer sich in solcher Not befindet,
der kann stehlen, was er braucht, und er ist ausdrücklich nicht zur Wiedererstattung verpflichtet, wenn er in bessere Verhältnisse kommt, wie Lay-
mann erklärt.[2] Sogar ein anderer hat nach demselben Kasuisten das
Recht, für einen Armen, der sich in großer Not befindet, zu stehlen.[3]
Gury gestattet dies gleichfalls, indem er beifügt: „dies sei ein Akt der
Nächstenliebe."[4] Laymann möchte „nicht leicht denjenigen einer Todsünde
zeihen, der einem Reichen, besonders wenn er ihn vorher um eine Gabe
angesprochen hat, heimlich soviel stiehlt, als er in seiner großen Not braucht."[5]
Die Jesuiten haben sich den Kopf sehr darüber zerbrochen, wann ein Diebstahl leicht oder schwer, eine Tod- oder eine läßliche Sünde sei. Escobar
meint, „ein schwerer Diebstahl sei ein solcher, welcher mit Berücksichtigung
aller Nebenumstände dem Bestohlenen einen schweren Nachteil bringt oder
ihn eines bedeutenden Vorteils beraubt; beim Reichen trifft das zu, wenn
es sich um einen Dukaten handelt, beim Armen schon bei einem halben
Thaler."[6] Nach Navarra genügt gleichfalls ein halber Thaler, was
Busenbaum als allzu gewissenhaft nicht gelten läßt; nach andern sind
hundert Goldstücke erforderlich, damit ein Diebstahl schwer wird; dies findet
Busenbaum zu lax; nach Lessius, Medina u. a. ist der Diebstahl von
zwei Thalern Todsünde.[7] Geraten Christen bei ungläubigen Völkern in
Gefangenschaft (etwa bei den Türken) so können sie nach Escobar, Diana u. a.
ihre Herren und jeden andern bestehlen, wie sie wollen. Steuern, welche
Türken den Christen auferlegen, dürfen diese befraubieren.[8] Eine ganz
raffinierte Anleitung zum Stehlen geben die Jesuiten durch folgende Auseinandersetzungen: „Wenn jemand gelegentlich einen oder mehrere nur mäßig
bestiehlt, ohne die Absicht, etwas Nennenswertes zu erwerben oder den
Nächsten schwer zu schädigen, so sündigt er durch die einzelnen Diebstähle
nicht schwer, noch machen dieselben zusammengenommen eine Todsünde aus.
Wenn aber der Gesamtwert des Gestohlenen zu etwas Bedeutendem steigt,
so kann es nach Lessius und Sanchez eine Todsünde sein. Aber der Dieb
kann auch in diesem Fall die Todsünde vermeiden, wenn er entweder beim

[1] Azorius II, pag. 1727; Gury I, pag. 458. [2] Laymann I, pag. 406, II.
[3] ib. [4] Gury I, pag. 460. [5] Laymann, pag. 406 n. 8. [6] Escobar, pag. 156
n. 3. [7] Busenbaum, pag. 225, dub. II. [8] Escobar, pag. 159 n. 17.

letzten Diebstahl nichts wiedererstatten kann oder wenn er wenigstens die Absicht hat, das zuletzt Gestohlene (— wodurch die kleinen Diebstähle zur Todsünde werden —) wieder zu erstatten." So Busenbaum, Diana, Escobar u. a.[1]) Nach Sa können viele kleine Diebstähle nie zu einer schweren Sünde anwachsen, „wenn sie nicht aus demselben fortdauernden Willen hervorgehen."[2]) Ebenso halten es nach Sa einige für eine probable Ansicht, daß einer, der durch viele kleine Diebstähle nach und nach zu einer bedeutenden Summe gekommen ist, nichts zu ersetzen hat, wenn er nur nicht von Anfang an die Absicht hatte, die ganze Summe zu stehlen."[3]) Schneider, die von mehreren Kunden Tuchreste stehlen, Kaufleute, welche zu kurz messen und zu leicht wägen, begehen nach Busenbaum und Rosella keine schwere Sünde, „wenn sie das nur thun, um sich schadlos zu halten, oder weil sie sonst nichts gewinnen würden oder den Preis erhöhen müßten und dann keine Käufer mehr fänden, oder — wenn sie nichts anderes haben, um sich und die Ihrigen zu ernähren."[4]) Gury urteilt in diesen Fällen strenger.[5]) Doch giebt er z. B. Kapitaldieben einen recht schlauen Rat, um nach und nach zu einer großen Summe zu kommen: „Wenn ein Dieb, der die Absicht hat, durch kleine Diebstähle (furtula) in den Besitz einer großen Summe zu gelangen, diese Absicht bei jedem einzelnen Diebstahl erneuert, so sündigt er ebenso oft schwer als er stiehlt; wenn er aber von Anfang an beabsichtigte, eine bestimmte Summe durch kleine Diebstähle zu entwenden, z. B. um nicht entdeckt zu werden, so begeht er nur eine Sünde, denn die Diebstähle bilden moralisch genommen nur einen Akt."[6]) Nach Diana darf „ein ehrbarer Mann, dem es allzu schwer fallen würde, zu betteln, seinen Lebensbedarf heimlich stehlen."[7])

2. Betrug u. s. w. Escobar und Salas erlauben es den Apothekern, eine billigere Medizin statt einer teureren abzugeben, wenn erstere nur ebenso nützlich oder beinahe so nützlich ist als die teurere, die natürlich bezahlt werden muß. Lopez erlaubt es, Wasser in den Wein, Spreu in den Weizen zu mischen, wenn einer genötigt ist, seine gute Ware ebenso billig abzugeben, wie andere ihre schlechtere.[8]) Filliucius gestattet es, im Spiel zu betrügen, wenn es beide Teile thun und Betrügereien den Spielregeln gemäß sind.[9])

3. Steuerdefraudation. Laymann stellt folgende Regeln auf: „Wenn eine Steuer nach wahrscheinlicher Meinung für unbillig gehalten wird, weil sie erst neu auferlegt wurde und ihre Gültigkeit noch nicht genügend feststeht, oder wenn das Gerücht im Volke geht, die Steuer sei nur unter dem Vorwand eines dringenden Bedürfnisses auferlegt, werde aber zu unnötigen Dingen verwendet, dann ist's gestattet, sich der Bezah-

---

[1]) Busenbaum, pag. 226, dub. III; Escobar, pag. 161 n. 22. [2]) Escobar, pag. 161 n. 24. [3]) Sa, pag. 263 n. 8. [4]) Busenbaum, pag. 227 oben; III! [5]) Gury I, pag. 458. [6]) ib. pag. 457, § 615. [7]) Diana (C), pag. 245 n. 2. [8]) bei Lessius, pag. 262 n. 83. [9]) Filliucius (A) II, pag. 674 n. 100. n. 102.

lung zu entziehen, oder sich im geheimen schadlos zu halten, nur darf man kein Aergernis geben."[1]) Diana und Molina lehren, daß man neue Steuern immer als ungerecht ansehen dürfe, bis das Gegenteil erwiesen sei; in diesem wie im Zweifelsfalle dürfe man defraudieren.[2]) Eine augenscheinlich gerechte Steuer zu unterschlagen, ist nach Diana Todsünde, und muß der Defraudant Ersatz leisten. Duardus, Lessius u. a. haben aber die gegenteilige Ansicht,[3]) und Sa lehrt mit dürren Worten, daß man diejenigen, welche gerechte Steuern defraudieren, nicht zur Nachzahlung zwingen dürfe.[4]) Gury will, man solle die Gläubigen emsig ermahnen, ihre Steuern zu zahlen; aber er ist doch gegen Defraudanten sehr nachsichtig. Da lehrt er mit Volger: Obgleich die Gläubigen sehr zu ermahnen sind, ihre Steuern pünktlich zu entrichten, so darf man sie doch nicht, wenn sie auch wiederholt einiges unterschlagen, zur nachträglichen Erstattung verpflichten; denn das ist die allgemeine Praxis; auch drücken die Fürsten ein Auge zu, und bei der so großen Menge von Steuern können auch die Allergescheidesten zweifeln, ob alle gerecht sind."[5]) Ganz ebenso de Lugo und Molina. Wie vortrefflich unsere württembergischen Priester ihren Gury verstehen, beweist folgende „Frage und Antwort" im Pastoralblatt der Diöcese Rottenburg (1888 Nr. 8): „Ein Pönitent klagt sich über Steuerdefraudation an und erklärt sich bereit, zu restituieren, fragt aber, ob ihm nicht folgender Weg der Restitution gestattet werden könne: Er möchte eine Reise, die er sonst nicht gemacht hätte, innerhalb Landes machen und zudem noch einem oder zwei Freunden als Reisebegleitern die Reise entschädigen, um auf diese Weise in Form von Reisegeld dem Staat das unrechte Gut zurückzuerstatten." Kann diese Art von Restitution gestattet werden oder nicht? Antw.: „Ja, wenn der Reinertrag an Fahrgeld für den Staat wenigstens schätzungsweise der Restitutionssumme gleichkommt."! — Aber hat denn die Staatskasse nicht ohnedies das volle Recht auf den Reinertrag der Vergnügungsreise jenes reumütigen Pönitenten?

4. Die geheime Schadloshaltung. „Es ist kein Diebstahl, wenn einer zum Zweck gerechter Ausgleichung etwas entwendet, falls er auf andere Weise das ihm Gebührende nicht erhalten kann, z. B. Dienstboten, die um ungerechten, d. h. zu niederen Lohn dienen müssen," wie Busenbaum schreibt.[6]) Nach Suarez darf ein armer Dienstbote, wenn er mit seinem Herrn um einen Lohn übereingekommen ist, den er für ungerecht hält, durch geheime Ausgleichung sich schadlos halten, d. h. er darf seinen Herrn bestehlen. Escobar geht einen Schritt weiter und gestattet das auch einem Diener, der „nicht durch Armut dazu gezwungen wird."[7]) Nach Laymann, Escobar, Lessius und Busenbaum können kleine, von den Dienstboten begangene Diebstähle, soweit sie sich auf nicht an geschlossenen

[1]) Laymann I, pag. 411, II. u. 6. [2]) Diana (B), pag. 283 n. 15. [3]) Diana (B), ib. n. 17. [4]) ib. [5]) Gury I, pag. 528; 529. [6]) Busenbaum, pag. 225, III. [7]) Escobar, pag. 441 n. 30.

Orten aufbewahrte Nahrungsmittel beziehen, nie zu einer schweren Sünde anwachsen.[1]) Laymann gestattet den Dienstboten, sich an den Herrschaften durch heimlichen Diebstahl schadlos zu halten, wenn diese trotz allen Bittens und Mahnens einen gerechten, der Arbeit der Dienstboten und der sonstigen Sitte entsprechenden Lohn nicht bezahlen wollen.[2]) Nach Gury tritt das Recht zu geheimer Ausgleichung ein, „wenn der Diener aus Furcht oder weil er gezwungen wurde, der unbilligen Belohnung zustimmte; oder wenn er wider seinen Willen zu Arbeiten genötigt wurde, zu welchen er nicht verpflichtet ist; oder wenn jemand vom Gericht ungerechter Weise in eine Geldstrafe verurteilt wurde."[3]) Gury macht das an folgendem Beispiel klar: „Der Hirt Tityrus hält sich durch einen Richterspruch für ungerecht zu einer Zahlung verurteilt; er ist also der Ansicht, daß dieses Urteil un-billig sei und trägt kein Bedenken, sich teils aus den Gütern der Privat-leute, teils aus dem Fiskus bezahlt zu machen; wiederum nach seiner Meinung ungerecht verurteilt, beeilt er sich, seinen Schmerz in geheimer Schadloshaltung zu stillen."[4])

5. Die Pflicht der Wiedererstattung unrechtmäßigen Gutes wird von den Jesuiten sehr eingeschränkt. Allgemein finden wir die Lehre: „Niemand ist verpflichtet, für unrechtes Gut Ersatz zu leisten, wenn der Schaden, den er dadurch erleiden würde, größer ist als der vermutliche Nutzen des Gläubigers oder Eigentümers." So Layman, Navarra, Medina u. a.[5]) . . Ebenso ist man nach Laymann der Pflicht der Wiedererstattung enthoben, „wenn ein Dieb infolge der Restitution des Ge-stohlenen in Schmach und Schande geraten oder bestraft würde oder ins Gefängnis käme.[6]) „Enthebt der Eintritt ins Kloster den Schuldner von der Verpflichtung, seine Schulden zu bezahlen? Es wird dies von einigen Doktoren absolut bejaht, so von Paludanus"[7]) (Dominikaner), Filliu-cius u. a.; Navarra und Sanchez lehren strenger. Escobar ergeht sich in folgender scharfsinnigen Auseinandersetzung: „Durch Betrug und Lügen verhindere ich, daß ein Schuldiger zu einer Geldstrafe an den Fiskus verurteilt wird; ich frage: Bin ich zum Ersatz verpflichtet? Du bist nicht verpflichtet, weil die Strafe nicht eher zu bezahlen ist, als bis das Urteil gesprochen ist; wer daher das gerichtliche Urteil verhindert, bewirkt zwar, daß der Fiskus oder auch ein anderer sein Recht nicht erlangt, aber er be-einträchtigt kein bereits erlangtes Recht; so auch Lessius."[8]) Escobar, Sa u. a. lehren gleichfalls, daß man zum Ersatz nicht verpflichtet sei, wenn man seinen guten Ruf verlieren würde, dadurch daß das begangene Unrecht herauskäme.[9]) Wer durch eigene „leichte" Schuld etwas ihm An-vertrautes verloren hat, ist nach Toleto und Escobar nicht zum Ersatz ver-

---

[1]) Busenbaum, pag. 230 X. [2]) Laymann I, pag. 407 n. 10. [3]) Gury I, pag. 464, squ. [4]) Gury cas. consc. I. de leg. cas. XVI. [5]) Laymann I, pag. 397, 1. [6]) ib. pag. 397, 2 porro etc. [7]) Laymann I, pag. 399, quaest. II. [8]) Escobar, pag. 358 n. 85. [9]) ib. pag. 368 n. 140.

pflichtet.[1]) Beamte können nach Lessius und Escobar mit Steuerdefrau-
banten und andern Betrügern gemeinschaftliche Sache machen: „Thorwächter,
Waldschützen, welche diejenigen nicht zur Anzeige bringen, die Waren in
die Stadt schmuggeln oder Holz stehlen; öffentliche Taxatoren, welche diejenigen nicht angeben, welche die Waren zu teuer verkaufen oder falsches
Maß und Gewicht anwenden, sind nicht verpflichtet, den durch sie ange-
richteten Schaden zu ersetzen."[2]) Nach Busenbaum ist einer, der aus
Fahrlässigkeit einen Brand herbeiführte, nicht zum Schadenersatz verpflichtet;
Ersatz für Gestohlenes, Veruntreutes u. s. w. braucht jemand nach demselben
Kasuisten auch dann nicht zu leisten, wenn er nicht mehr seinem Stande
gemäß leben könnte, oder wenn man weiß, daß der Gläubiger das Geld
nur mißbrauchen würde, etwa zum Ehebruch.[3]) Azorius lehrt gleichfalls,
daß man zu keinem Ersatz verpflichtet sei, wenn man dadurch sich selbst,
seinen guten Ruf, seine Familie in Schaden bringen würde oder seinen
Stand nicht mehr fortführen könnte. „Ein Adeliger oder sonst ein Reicher
beerbt seinen Vater, weiß aber, daß dieser alles durch unerlaubte und ver-
werfliche Mittel erworben hat; würde er Ersatz leisten, so müßte er seinen
Stand aufgeben; ist ein solcher Erbe restitutionspflichtig? Nein, nach Scotus,
Navarra u. a."[4]) — Azorius gestattet den Fürsten, weltliche Aemter
auch ohne Not zu verkaufen, aber um mäßigen Preis.[5])

Anmerkung: Von Papst Innocenz XI. verboten und verdammt: Die
Lehren, 1. daß der Diebstahl in schwerer oder äußerster Not gestattet sei; 2. daß
Dienstboten durch „geheime Ausgleichung" ihre Herrschaft bestehlen können.

XI. Das achte Gebot:
Du sollst kein falsch Zeugnis reden wider deinen Nächsten.

Luther: Wir sollen Gott fürchten und lieben, daß wir unsern Nächsten nicht
fälschlich belügen, verraten, afterreden oder bösen Leumund machen, sondern sollen
ihn entschuldigen, Gutes von ihm reden und alles zum Besten kehren.

1. Die Verleumdung.

a) Sie wird allgemein, namentlich wo sie mit der direkten Absicht,
den guten Ruf des Nächsten zu schädigen, geschieht, als Todsünde bezeichnet.
Die Verleumdung eines Ordens oder Ordensangehörigen ist eine schwerere
Sünde als der Ehebruch, am verwerflichsten ist die Verleumdung durch
anonyme Briefe und Schriftstücke; nach Lessius verdienen solche Handlungen die Todesstrafe. Wer eine Verleumdung mit anhört, sie billigt oder

---

[1]) ib. pag. 369 n. 149. [2]) Escobar, pag. 360 n. 98. [3]) Busenbaum,
pag. 259—262. [4]) Azorius III, pag. 344, tertia diff.; pag. 345 sec. op. pag. 347.
[5]) bei Escobar, pag. 424 n. 80.

gar provoziert, sündigt so schwer oder noch schwerer als der Verleumder selber.[1]) So rigoros diese Sätze lauten, so verleugnet doch auch da die jesuitische Moral ihren doppelzüngigen, schillernden Charakter nicht: „Jemand behauptet fälschlich, ein Ketzer habe ein Kruzifix verstümmelt; sündigt er schwer gegen die Gerechtigkeit?" Nach Filliucius und Escobar keineswegs, „weil ich ja einen in einer Art von Sünde schon Verrufenen weiter in Verruf bringe durch eine Sache, die mit dem früheren Verrufe in Verbindung steht."[2]) Nach Lessius, Busenbaum u. a. ist's gleichfalls keine Todsünde, etwa einem Soldaten nachzusagen, er habe eine Konkubine, oder er habe ein Mädchen verführt, weil dadurch sein Ruf nicht wesentlich verletzt wird.[3]) Eine sehr leichtfertige Behandlung der Verleumdung verraten folgende Sätze: „Ich habe gehört, Petrus habe das Verbrechen eines Ehebruchs begangen; ich erzähle das Gehörte weiter mit dem Beisatze, ich wisse nichts gewiß sondern referiere lediglich das Gehörte; ist das eine Todsünde? Azorius bejaht es, dagegen Tanner lehrt, daß einer, der ein vom Nächsten begangenes Verbrechen einfach weitererzählt ohne Beifügung und Bekräftigung, keine Todsünde begehe, da, wenn die Verleumdung auch geglaubt wird, dies nicht die Schuld des Redenden sondern des Hörenden ist, der nicht einer einfachen (verleumberischen) Angabe Glauben schenken sollte;" dem schließt sich auch Escobar an.[4]) Nach Fagundez sündigt einer weder gegen die Gerechtigkeit noch gegen die Liebe, der ein von seinem Nächsten begangenes Vergehen an einem Orte erzählt, wo es noch nicht bekannt ist.[5]) („Alles zum Besten kehren!"); nach Lessius, Navarra u. a. kann solche Indiskretion aber häufig eine Todsünde gegen die Liebe werden.[6]) Nach Valentia ist eine Verleumbung nur läßliche Sünde, „wenn sie aus Mangel an völliger Ueberlegung hervorging, wo die Schnelligkeit der Zunge der Ueberlegung vorangeht, was auch von den übrigen Zungensünden gilt" und von den gewerbsmäßigen Verleumdern wohl auch.[7]) „Ist es nicht erlaubt, einem falschen und ungerechten Zeugen verleumderischer Weise ein Verbrechen anzudichten, das er nicht begangen hat, um sein Zeugnis zu entkräften?" Die Antwort auf diese Frage lautet bei Hurtabus: „Man darf das thun, wenn die Verleumdung notwendig ist, um das Zeugnis eines andern zu entkräften; ferner, wenn man diesen Zweck auf einem andern weniger schädlichen Weg nicht erreichen kann, endlich wenn man dem Nächsten kein schweres Verbrechen andichtet, wo er gegen mich nur in einer geringfügigen Sache als Zeuge aufzutreten hat." Ebenso will Bannez, daß die Verleumbung nur gerade so schwer sein darf, als notwendig ist, um das Zeugnis des Verleumdeten zu entkräften. Nach Molina und Salonius darf man einen mißliebigen Zeugen verleumben, damit andere ihm keinen Glauben

[1]) Lessius, pag. 108 squ. n. 6—19.   [2]) Escobar, pag. 172 n. 56; Busenbaum, pag. 340 n. XI.   [3]) Lessius, pag. 109 n. 17; Busenbaum, pag. 337, III.   [4]) Escobar, pag. 170 n. 40.   [5]) ib. n. 43.   [6]) Busenbaum, pag. 340 dixi est.   [7]) Valentia III, pag. 1458 quinto.

schenken; „quando enim fides data est, perseverat injuria" b. h., wenn man (dem ‚falschen' Zeugen) Glaubwürdigkeit zugestanden hat, so bleibt die Beleidigung, die Anschuldigung bestehen." Ebenso lehren Diana, Dicastill und viele andere.[1]) Hierin haben wir den Schlüssel ultramontan=jesuitischer Polemik: Den Gegner, besonders wenn er Luther heißt, gründlich verleumden und in den Schmutz ziehen, seine Glaubwürdigkeit untergraben und so sein Zeugnis entkräften — ja, da muß der Zweck das Mittel heiligen, helf', was helfen mag!

b) Wie weit hat der Verleumder die Pflicht, den guten Ruf des von ihm Verleumdeten wiederherzustellen? Busenbaum antwortet: „Wenn kein Entschuldigungsgrund vorliegt, so erhellt aus der Natur der Gerechtigkeit, daß man den guten Namen des Geschädigten wiederherstellt, selbst mit Be= einträchtigung des eigenen Rufes,"[2]) freilich letzteres nur, „soweit es ohne eigenen erheblichen Schaden geschehen kann." „Entschuldigungsgründe," hinter welche sich der Verleumder verstecken kann, weiß nun Busenbaum mehrere: „Wenn der gute Ruf des andern, den man verleumdet hat, auf andere Weise wieder hergestellt wurde, z. B. durch rechtschaffenes Leben, durchs Zeugnis verständiger Leute u. s. w. Oder wenn der wiederherzu= stellende Ruf geringeren Wertes ist als der Ruf des Verleumders; so braucht z. B. ein hoher Kirchenfürst den von ihm geschädigten Ruf eines geringen Mannes nicht wieder zu restituieren, wenn er dadurch an seiner eigenen Ehre Schaden leiden würde; da genügt's, den Verleumdeten zu loben oder die Sache mit Geld auszugleichen u. s. w." Im gleichen Sinn schreibt Valentia: „Wenn der Verleumder dadurch, daß er gestehen würde, er habe gelogen, in viel größere Schmach fallen würde, so braucht er sein Vergehen nicht zu gestehen, sondern er muß durch Geld oder auf andere Weise Genugthuung leisten, oder er ist auch zu gar nichts verpflichtet, wenn der Verleumdete damit nicht zufrieden ist."[3]) Dieselben Grundsätze ent= wickelt Stotz.[5]) Noch sei folgende Entscheidung Escobars erwähnt: „Es sieht einer, daß ein anderer irrtümlicherweise wegen eines Verbrechens be= straft wird, das er selber begangen hat; er schweigt dazu: Ist er verpflichtet, den guten Ruf, den der unschuldig Bestrafte verloren hat, wiederherzustellen? Sa und Navarra antworten: Nein!"[6])

2. Lügen und Verwandtes in der gerichtlichen Praxis.

a) Im allgemeinen ist es jesuitische Lehre, daß man auch vor Gericht „die Wahrheit zuweilen verheimlichen darf,"[7]) wie Filliucius lehrt, und daß es „durchaus keine Todsünde ist, vor Gericht leicht zu lügen," wie sich Escobar ausdrückt.[8])

---

[1]) Diana (A), IX. tr. IX; res. XLIII, pag. 377 squ.; (B) pag. 625 n. 6. [2]) Busenbaum, pag. 344 dub. III.; pag. 345 II. [3]) ib. pag. 346 III, VI. [4]) Valentia III, pag. 1202 Adhibet etc. [5]) Stotz, lib. I, p. III. quaest. III. pag. 166 n. 204 u. 205. [6]) Escobar, pag. 372 n. 169. [7]) Filliucius (B), pag. 619. [8]) Escobar, pag. 165 n. 9.

b) Im einzelnen finden diese Grundsätze ihre Anwendung

α) in Beziehung auf den Zeugen. Laymann schreibt: „Muß ein Zeuge, der vom zuständigen Richter in gesetzlicher Weise gefragt wird, die ihm bekannte Wahrheit aussagen und über das fragliche Vergehen Zeugnis ablegen? Antwort: Er muß, und wenn er Versuche macht, die Wahrheit zu verheimlichen, so kann er selbst durch die Folter gezwungen werden. Jedoch giebts Fälle, wo man nicht verpflichtet ist Zeugnis abzulegen: einmal, wenn man das Verbrechen aus der Beichte weiß; dann, wenn es derart geheim und verborgen ist, daß keine öffentlichen Indizien darüber vorhanden sind, wiewohl es vielleicht zweien oder dreien bekannt sein dürfte; ferner kann man das Zeugnis verweigern, wenn man das begangene Verbrechen als Geheimnis unter dem Siegel der Verschwiegenheit erfahren hat, um dem unglücklichen Verbrecher mit Rat und That an die Hand zu gehen, wie's z. B. einem Arzt, einer Hebamme(!), einem Advokaten u. s. w. vorkommen kann; ferner, wenn du weißt, daß das Vergehen des Titius, wegen dessen du gefragt wirst, gar keine Sünde und darum straffrei ist, z. B. wenn er aus Unwissenheit einen Menschen statt eines Tieres getötet hat, oder wenn er fremdes Eigentum gestohlen hat, um sich schadlos zu halten oder weil er durch schwere Not dazu gezwungen wurde: Dann kannst du vor dem Richter auch eidlich verneinen, daß das Vergehen des Titius dir bekannt sei. . . Kinder dürfen nie als Zeugen wider ihre Eltern zugelassen werden, ausgenommen, wenn es sich um die gräßlichsten Verbrechen handelt, wie Ketzerei, Majestätsverbrechen, Giftmischerei u. s. w. . . Endlich können Kleriker vom weltlichen Richter nicht zum Zeugen gezwungen werden."[1]) Nach jesuitischer Lehre darf ein Zeuge nur dann die Wahrheit sagen, wenn er vom zuständigen Richter in legitimer Weise (legitime, juridice, secundum ordinem juris) gefragt worden ist. „Wenn aber ein nicht in rechtlicher Weise (non juridice) befragter Zeuge ein verborgenes Verbrechen aus Unachtsamkeit aufdeckt, so ist er verpflichtet, aus Liebe zu widerrufen," nach Diana;[2]) derselbe schreibt: „Wenn ein Zeuge in einer wichtigen Sache falsch geschworen hat, sodaß die Todesstrafe folgen kann, so muß er völligen Widerruf leisten, wenn er hofft, daß es etwas nützt." Nach Gury braucht ein Zeuge auch dann kein Zeugnis abzulegen, wenn er voraussieht, daß ihm ein großer Nachteil daraus entstehen würde; auch ist's nur eine leichte Sünde „wenn ein Zeuge sich verborgen hält, oder nach der Vorladung flieht, um nicht zeugen zu müssen, vorausgesetzt, daß es dem Staat keinen Nachteil bringt oder die ganze Sache nicht wichtig ist.[4])

β) „Wird der Angeklagte, der Schuldige vom kompetenten Richter in gesetzlicher Weise der Rechtsordnung gemäß befragt und ihm geboten die Wahrheit zu sagen, so ist er im Gewissen verpflichtet, ein Geständnis ab-

---

[1]) Laymann I, pag. 664. 665.　[2]) Diana (13), pag. 625 n. 6.　[3]) ib.
[4]) Gury II, pag. 18—20.

zulegen,"[1]) so Navarra, Laymann und die meisten Kasuisten. „Doch verteidigen Navarra, Lessius u. a. auch die entgegengesetzte Meinung wenigstens als probabel: Der Angeklagte sei nicht verpflichtet ein Verbrechen zu gestehen, das des Todes oder der Verstümmlung wert ist."[2]) Nach Laymann ist ein Angeklagter, „wenn er nicht der Rechtsordnung gemäß verhört wird, berechtigt, die Wahrheit durch den Gebrauch von Zweideutigkeiten zu verheimlichen; . . gleichviel ob ein anderer dadurch in den Verdacht eines Verleumders oder Lügners kommt."[3]) „Wenn du z. B. deinem Freunde Titius ein Geheimnis anvertraut hast, an dessen Geheimhaltung dir viel liegt, Titius aber es andern offenbart, so kannst du die ganze Sache verhehlen oder durch zweideutige Redensarten leugnen, mag auch Titius in den Verdacht der Lüge kommen."[4]) „Wenn endlich ein Angeklagter vernünftige Gründe hat, daran zu zweifeln, ob er vom Richter der Rechtsordnung gemäß verhört wird, so braucht er — nach Laymann, Sotus, Sa, Diana, Bannez, Lessius, Sanchez — ein begangenes Verbrechen nicht zu gestehen."[5]) Dieselben Grundsätze entwickelt Azorius, der dem Angeklagten, wenn er contra jus, gegen das Recht, wegen eines von ihm begangenen Verbrechens gefragt wird, den Rat giebt, ausweichend und zweideutig zu antworten, etwa: „Ich weiß nichts, ich habe nichts gethan (so daß ich's andern sagen müßte);" nicht aber darf der Angeklagte sagen: „ich habe dieses Verbrechen nicht begangen" — das wäre gelogen![6]) Cajetanus, Sotus, Covarruvias gestatten es dem Verbrecher, aus dem Gefängnis zu fliehen, wenn dadurch die Wärter auch in Schaden kommen; Cajetan u. a. erlauben es den Freunden und Verwandten des Sträflings, ihm durch Werkzeuge u. s. w. zur Flucht behilflich zu sein; ebenso darf der Verbrecher durch Worte, Zeichen, zweideutige Handlungen u. s. w., namentlich durch Einschläferung des Wärters mittels Getränken, diesen täuschen, „und der Wärter hat es sich selber zuzuschreiben, wenn er sich täuschen" und den Gefangenen entwischen ließ.[7])

γ) Auch der Richter wird in die Korruption hereingezogen. Delrio giebt dem Richter den Rat, einen hartnäckig leugnenden Angeklagten durch schlaue Fragen und Versprechungen zum Geständnis zu bringen. „Beispiele sind: Der Richter verspricht dem Angeschuldigten, wenn er sein Verbrechen offen gestehe, so wolle er ihm aus Staats- oder eigenen Mitteln das zum Unterhalt Nötige gewähren, so lange er lebe; besonders wolle er ihm ein neues Haus bauen lassen, wobei der Richter für sich an einen Holz- und Strohhaufen denkt, auf welchem v. g. eine geständige Hexe verbrannt werden muß; oder der Richter verspricht, wenn der Angeklagte gesteht, er werde Nachsicht üben, denkt dabei aber: gegen den Staat, zu dessen Nutzen es

---

[1]) Laymann I, pag. 665 cap. V. n. 1. [2]) ib. n. 2. [3]) ib. pag. 666 n. 4. [4]) ib. [5]) ib. dico III. Diana (A) III, pag. 235 n. 106. [6]) Azorius III, pag. 1198. [7]) ib. pag. 1191—1194.

gereicht, wenn der Verbrecher mit dem Tode bestraft wird; oder der Richter gelobt, das Geständnis werde dem Angeschuldigten selber für's Leben nützlich sein, nämlich für's zukünftige nach dem Tode."[1] Dem Laymann wollen solche Mittel jedoch nicht recht gefallen.

Auch der bestechliche und käufliche Richter wird durch die Jesuiten unter die Fittiche ihrer weitherzigen Moral genommen: „Ein Richter kann etwas annehmen von demjenigen, zu dessen Gunsten er geurteilt hat nach einer wahrscheinlichen Meinung, wenn es ihm freistand, der einen oder andern Ansicht zu folgen (d. h. Recht zu geben); er sündigt nicht gegen die Gerechtigkeit, ist auch nicht zum Ersatz verpflichtet, weil er in solchem Falle das Geld nicht als Lohn für den gerechten Urteilsspruch erhält, sondern dafür, daß er eine Meinung der anderen vorgezogen hat, wozu er nicht verpflichtet war;" so Lessius und Diana.[2] Nach Laymann darf ein Richter von einer streitenden Partei etwas annehmen, „damit er ihre Sache vor einer anderen bei ihm zu gleicher Zeit anhängig gemachten erledigt,"[3] und zwar „gleichsam als Lohn seiner Arbeit und seines außerordentlichen Fleißes." Nach Tanner und Suarez kann ein Richter „für ein zu fällendes gerechtes Urteil etwas annehmen, was ihm gegeben wurde, entweder um ihn geneigt zu machen, jenes gerechte Urteil zu fällen oder aus reiner Freigebigkeit."[4] Am deutlichsten ist Escobar: „Richter und öffentliche Diener sind gewohnt, Geschenke, die ihnen freiwillig aus Dankbarkeit gemacht werden, anzunehmen; sind sie zum Ersatz verpflichtet? Nein, wenn ihnen die Annahme solcher Geschenke nicht gesetzlich verboten ist, in welchem Falle sie aber auch nicht zur Restitution verpflichtet sind, bevor sie durch Richterspruch dazu verurteilt sind!" Molina lehrt ebenso.[5] Ferner schreibt Escobar: „Ich nehme an, eine Sache steht für beide Teile gleich: kann der Richter etwas annehmen? Fagundez lehrt, es könne etwas angenommen werden nicht allein von solchen, die ein Majorat, einen Lehrstuhl, eine Pfründe zu vergeben haben, sondern auch vom Richter, wenn er in einer für beide Parteien gleichstehenden Streitsache ein Urteil fällt, weil er nach seinem Gutdünken einer jeden Partei den Sieg verleihen kann. Darum kann als Vergütung etwas gegeben werden, . . da ein solcher Urteilsspruch für den Richter meist mit dem Verlust der Freundschaft der anderen Partei verbunden ist."[6] Im Anschluß an den Satz des hl. Thomas, „daß man das behalten dürfe, was man (als Lohn) für eine böse That erhalten hat," lehrt Lessius: „Ein Richter braucht nicht zu erstatten, was er für einen ungerechten Spruch empfangen hat; er ist aber dazu verpflichtet, wenn er etwas angenommen hat, um ein gerechtes Urteil zu fällen."[7] Nach Diana u. a. ist es keine Sünde, „sich an die Konkubine des Richters zu

---

[1] bei Laymann I, pag. 668 n. 13. Non desunt etc. [2] Diana (B), pag. 394 n. 6. [3] ib.; Laymann l. 3, tr. 4. c. 4 n. 9, pag. 491. 492. [4] bei Diana (B), pag. 395. [5] Escobar, pag. 363 n. 112. [6] ib. n. 111. [7] Lessius, pag. 160 n. 52—64.

wenden, wenn es keinen andern Weg giebt, den Richter zu einem gerechten Urteil zu bewegen."[1])

Genug! Das wird jeder Unbefangene zugeben, daß es aus ist mit Recht und Gerechtigkeit, wo die Grundsätze der jesuitischen Moral in die gerichtliche Praxis eingedrungen sind; der katholische Juristenverein wird vermutlich unsere Ansicht teilen.? —

Am Schlusse unseres Exkurses angelangt, gestatten wir uns noch, einige Sätze aus einer neulich erschienenen Broschüre niederer zu hängen; es ist dies „die Frage der Klösterzulassung in Württemberg; von einem Freunde der Klosterkutten," erschienen bei D. Ochs in Stuttgart. Dort lesen wir S. 10 ff: „Ja, Vorurteile und nichts als Vorurteile sind all die Dinge, welche man den Klöstern aufbürdet. . . Es ist eine ganze Masse von Lügen- und Schandlitteratur (es muß die Wahrheit gesagt werden, so sehr es auch nach gewisser Seite hin treffen mag) über unsere Klöster überhaupt und über unsere Kirche erschienen . .: Ihre Verfasser haben nie etwas Richtiges über unsern Glauben und unsere Kirche gelesen." Dabei die Anmerkung: „Die Jesuitenfrage von einer neuen Seite. Stuttgart. Arthur Schott 1887 — weiset das insbesondere an den Lästerern des Jesuitenordens nach, wie sie nur immer wieder längst widerlegte 200 jährige Lügenschriften abschreiben, ohne etwas von der Geschichte zu studieren — sie urteilen also wie Blinde von den Farben." Dann im Text fortfahrend: (S. 11) „Die Schmähschriften über den Jesuitenorden sind Legion. Die Gebildeten nun aber und Denker nehmen all das Zeug ganz gläubig hin, und verrennen sich in fanatischem Haß und immer neuer Verleumdung der katholischen Kirche, ihrer Lehren und Anstalten nachdem sie sich gemäß jenen Schilderungen ein Zerrbild daraus gemacht haben." Der Schluß der Schrift lautet: „Warum aber, so müssen wir nochmals fragen, warum will die württembergische Regierung es nicht gestatten, daß Gott geweihte Männer, Ordensgenossen Beurons und geborene Württemberger, auch in Württemberg wohnen und leben dürfen? Womit will sie diese Barbarei motivieren?" — Wir geben diese Sätze wieder mit einer Frage an alle billig Denkenden: Hat die württembergische Regierung von seiten der Katholiken des Landes den Vorwurf der Barbarei verdient? Wo steckt die Barbarei, auf seiten der Regierung, die mit der Abweisung der Klöster lediglich ihre Pflicht gethan hat, oder auf seiten der Orden, deren „vollkommenster", die Gesellschaft Jesu, Lehren verbreitet, die aller Wahrheit und guten Sitte Hohn sprechen und zur vollendetsten Korruption führen müssen?

Anmerkung: Die jesuitischen Lehren über die Bestechlichkeit der Richter wurden verdammt von Papst Alexander III. unterm 24. September 1665 n. 26.

[1]) Diana (B), pag. 438 unter „meretrix" n. 3.

4*

XII. Zur Abwehr.

A.

Das in Stuttgart erscheinende ultramontane „Deutsche Volksblatt" setzt in seiner Nr. 274 (Jahrgang 1888) seinen Lesern folgenden Artikel vor:

„Stuttgart, 30. Nov. Wir teilen heute den signalisierten Prima=Hetzartikel des „Ev. Sbl." zum Abschluß des Kirchenjahrs gegen den Jesuitismus unseren Lesern mit. Einer besonderen Beleuchtung und Kritik bedarf derselbe nicht; wir beschränken uns darum auch auf die Wiedergabe mit Einflechtung einzelner unwillkürlich sich gebender Interjektionen. Der für 123 000 Abonnenten geschriebene Artikel lautet:

„Wie wir hoffen, daß das deutsche Volk vor der Verjudung bewahrt bleibe, so hoffen wir auch, daß der jesuitische Geist nicht Herr über dasselbe werde. Es werden ja alle nur denkbaren Versuche gemacht, um diesen Geist zur Geltung zu bringen, der das reine Gegenteil des echt deutschen Wesens [vergleiche die den protestantischen Regierungen hochwillkommenen Gestalten eines P. Roder, Schlosser, Zeil, Roh u. s. w. nach der 48er Revolution!! Aehnliche Sätze schrieb vor 36 Jahren der „Beobachter"!!]¹) ist, diesen Geist, welcher alles selbständige Denken und Forschen in Bezug auf religiöse Dinge dem Nichtgeistlichen verbietet, das eigene sittliche Urteil unterdrückt, an die Stelle des Gewissens den Rat und Befehl der kirchlichen Vorgesetzten stellt und so die Leute zu willenlosen Werkzeugen macht, die am Ende auch zu allen Thaten des Fanatismus benutzt werden können [welche sinnlosen Verdrehungen und Phrasen!]. Deshalb ist der Jesuitismus in seinem tiefsten Wesen staatsgefährlich, und in einem Land, wo, wie in Deutschland, beide Konfessionen nebeneinander leben, muß er [nein, nicht er, sondern der Geist des sog. „Evangelischen Bundes"!] mit Notwendigkeit die gegenseitige Entfremdung der Volksgenossen, den religiösen Unfrieden herbeiführen. Mit den Katholiken können wir Evangelischen im Frieden leben, aber den Jesuitismus, welcher die Ausrottung des Protestantismus zum Zwecke hat, müssen wir bekämpfen [Phrase ohne jeglichen Inhalt, vergleiche die fortgesetzten Angriffe des „Ev. Sbl." auf alle möglichen Lebensäußerungen in Glauben und Urteil der katholischen Kirche!] und deshalb stets auf der Wacht stehen, damit dieser Feind, der sich allerdings als „einen Engel des Lichts" zu empfehlen versteht, nicht in scheinbar unschuldiger Weise einziehe, stark werde und endlich das Feld behaupte. Um die schläfrigen, arglosen, vertrauensseligen Protestanten aufzurütteln und sie auf die drohenden Gefahren aufmerksam zu machen [wer lacht da nicht?] ist der „Evangelische Bund" gegründet worden, der neuerdings sehr an Bedeutung gewonnen hat [bezw. der von den Protestantenvereinlern dominiert ist und von zahlreichen positiven Protestanten desavouiert wird], namentlich auch in unserem Land. Wer gegen den Jesuitenorden kämpft, kämpft zugleich für den Bestand des Deutschen Reichs. Denn das ist sicher, daß die Jesuiten den Untergang des Deutschen Reichs, an dessen Spitze ein evangelischer Kaiser steht und dessen Vormacht das protestantische Preußen ist, gerne sehen würden [Beweise für diese Verleumdung heraus!]. Deshalb suchen die Jesuiten [die doch seit 15 Jahren samt ihren „Affiliierten" aus den deutschen Grenzen verjagt sind!!] das katholische Volk in Deutschland immer wieder in Unruhe zu versetzen;

---

¹) Jetzt freilich dürfte sich der demokratische „Beobachter" seinen ultramontanen Freunden gegenüber nicht mehr eine solche Sprache erlauben.

man verlangt immer neue Rechte, um sagen zu können: sehet, ihr seit benach-
teiligt und unterdrückt; man will eben keinen Frieden aufkommen lassen, und
hinterdrein stellt man sich immer als das Lamm hin, was kein Wässerlein getrübt
hat [welch' haarsträubende Verquickung der Jesuitenhetze mit dem, was Rom und
die Bischöfe thun, um den vollen Kirchenfrieden herbeizuführen, welche allgemeinen
Verdächtigungen!]. Der Besuch des deutschen Kaisers in Rom, welcher durch die
jesuitischen Wünsche und Hoffnungen einen dicken Strich gemacht hat [wo hat ein
Jesuit seine besonderen Hoffnungen und Wünsche an diesen Besuch geknüpft?], hat
gewiß [das weiß ja das „Ev. Sbl." natürlich sicher. Hat denn der Artikelschreiber
kein Gewissen mehr, daß er diese und die folgenden Behauptungen gegen den
Jesuitenorden vor 2—300 000 Menschen ausspricht?!] dem Jesuitengeneral Anlaß
gegeben, neue Ränke da und dort zu spinnen. Im Jahre 1866 sollte Oesterreich,
im Jahre 1870 Frankreich das Werkzeug sein, um das protestantische Preußen
niederzuwerfen. Der jesuitische Plan ist gottlob nicht gelungen [o
„deutsche" Geschichtskenntnis und Wahrheitsliebe! Vergleiche das Verhältnis von
Napoleon III. und Rom!!]. Aber man wird wohl Frankreich aufs neue
als „Soldaten Roms" benützen. Wie entgegenkommend sind die französischen
Minister, die doch im eigenen Land die katholische Kirche bedrücken, dem Papst
gegenüber! „Die Freundschaft des Papstes ist uns wertvoll"; „er hat so viele
Kümmernisse, es liegt uns also ob, ihm keine neuen hinzuzufügen", erklärte neulich
der französische Minister Goblet . . ." Jetzt wird natürlich Frankreich als ein
bereits aufgegebenes Land geschildert und dann schließt der lange Hetzerei mit dem
Worte: „Die Monarchisten sind der Ueberzeugung, daß der Tag, an welchem ein
Fürst als Retter auftrete, nicht mehr ferne sei. Der wird dann den „verlorenen
Ruhm Frankreichs" wieder herzustellen haben und der Papst wird ihm
seinen Segen dazu geben.'"
    Nun hat das gute protestantische Volk wieder Futter auf einige Zeit für
seine politische Erkenntnis und Weiterbildung. Wahrhaftig, angesichts solcher
Leistungen in einem noch erbaulichen Blatte muß man aufrichtig Mitleid haben
mit demjenigen Teile des deutschen Volkes, welcher sich derlei Prädikantenphrasen
und unbewiesene Verdächtigungen geduldig vorsetzen läßt. Wohin ist in diesen
Kreisen das „echt deutsche Wesen" gekommen? Wo bleibt hier das „selbständige
Denken und Forschen" — nicht etwa in Bezug auf religiöse Dinge, sondern in
Bezug auf die wichtigsten politischen Fragen? Nach solch einer exorbitanten
Leistung verdient das „Ev. Sonntagsbl.", daß seine eigenen Leser ihm mit seinen
eigenen Worten die ernste Frage ans Gewissen halten: ob nicht das
das „Ev. Sonntagsbl.", ehe es die abwesenden Jesuiten schilt und herabsetzt,
dessen schuldig ist, wessen es jene anklagt, nämlich daß es „die Leute zu
willenlosen Werkzeugen macht, die am Ende auch zu
allen Thaten des Fanatismus benutzt werden können"?!
Wir sind in der Lage, aus jüngster Zeit eine ganze Reihe von groben Ver-
unglimpfungen und Gehässigkeiten gegen völlig harmlos ihres Weges gehende
katholische Geistliche, Laien und Kinder aus Stuttgart und Umgebung zu berichten
zum Belege dafür, welche Früchte die spezifisch altwürttembergische Katholikenhetze
in dieser Zeit nach und nach zeitigt — abgesehen von der wahren Sündflut von
verwandten hetzerischen Preßerzeugnissen. Wenn's so fortgeht, dann wird der Tag
nicht mehr ferne sein, an welchem die Obrigkeit ex officio sich genötigt sehen
wird, den pro= und konfessionellen Friedensstörern das Handwerk zu legen. —
Dasselbe „Ev. Sonntagsbl." sagt ferner: „Es ist sehr anerkennenswert, daß sich
der katholische Bischof von St. Gallen gegen die Bildung besonderer katholischer Arbeitervereine ausgesprochen hat," wie stellt sich dann das
„Ev. Sonntagsbl." dazu, daß z. B. in Stuttgart nicht nur „evangelische
Jünglingsvereine, ältere und jüngere Abteilung", sondern auch ein „evangelischer Handwerkerverein" existieren, in welchem z. B. ganze

Abende der Beleuchtung des Jesuitenordens gewidmet sind? Wo bleibt da wiederum das paritätische Gewissen des „Ev. Sonntagsbl."? Und als letzte Frage die: **Wo will das hinaus?** Diese Frage mögen sich die besonnenen Protestanten, aber vor allem auch die systematisch verfolgten Katholiken ernstlich vorlegen!"

Soweit dieser wahrhaft klassische Artikel sich nicht mit den Juden sondern den Jesuiten beschäftigt, erlauben wir uns einige Bemerkungen beizufügen.

1. Daß der vom „Volksblatt" so warm verteidigte Jesuitismus das reine Gegenteil des echt deutschen Wesen ist, wird vom „Sonntagsblatt" mit vollem Recht behauptet. Es wäre aus mit deutscher Treue, deutscher Zucht, Sitte und Frömmigkeit, wenn die Grundsätze jesuitischer Moral Gemeingut unseres Volkes würden. Solange es beim Deutschen heißt: „Ein Mann ein Wort"; solange die deutsche Treue nicht ein leerer Name ist, solange sind auch die jesuitischen Lehren von Wahrhaftigkeit und Treue alles, nur nicht deutsch. Ebenso ist das „Sonntagsblatt" vollkommen im Recht, wenn es auf den staatsgefährlichen Charakter des Jesuitismus hinweist; dürfen die jesuitischen Lehren von der Volkssouveränität, dem Königsmorde u. s. w. nicht mehr staatsgefährlich genannt werden, ja, was ist dann überhaupt noch staatsgefährlich? „Wenn die Jesuiten heute ins Deutsche Reich zurückkämen, so würden sie an die Spitze der Socialdemokraten treten" lautet ein geflügeltes Wort unseres Kanzlers. — Ganz verunglückt ist der Hinweis des „deutschen Volksblattes" auf „die den protestantischen Regierungen hochwillkommenen Gestalten eines P. Rober u. s. w. nach der 48er Revolution." In Zeiten der Reaktion dürfen die Jesuiten freilich nicht fehlen; und wenn „protestantische Regierungen" in schwachen Stunden den oft genug breitgeschlagenen Redensarten Glauben schenken: „Die Orden der römischen Kirche, im höchsten Sinne der Jesuitenorden, bilden die zuverlässigste Schutzwehr gegen die Mächte des Umsturzes," so ist das kein Beweis gegen den staatsgefährlichen Charakter der Jesuiten sondern lediglich für die Blindheit der „protestantischen Regierungen".

2. Mit einer Kühnheit ohnegleichen bezeichnet es das „Volksblatt" als „Phrase ohne Inhalt", wenn das „Sonntagsblatt" behauptet: „Den Jesuitismus, welcher die Ausrottung des Protestantismus zum Zwecke hat, müssen wir bekämpfen." Was lehrt uns denn die Geschichte der Gegenreformation und des 30 jährigen Krieges? Ist's nicht vor allen Dingen der Thätigkeit des Jesuitenordens zuzuschreiben, wenn der Protestantismus in vielen Ländern, in Schlesien, in Böhmen und andern Gebieten der Habsburgschen Monarchie völlig ausgerottet wurde? Oder glaubt das „Volksblatt" etwa, wir Ketzer wüßten nichts davon, daß die Jesuiten selber bekennen: „Dem Luther, dieser Schande Deutschlands, diesem Schwein Epikurs, diesem Verderben Europas, diesem un-

seligen Scheusal der Welt, diesem Abscheu Gottes und der Menschen, dieser aus ihrem finsteren Loch kriechenden Schlange — stellte Gott nach ewigem Ratschluß den Ignatius (Gründer des Jesuitenordens) gegenüber, diesen rechten Antiluther, einen furchtbaren und gefährlichen Gegner, weil er der ruchlosen Gottlosigkeit, (d. h. der Ketzerei) mit unbesiegten Waffen, mit den christlichen Tugenden entgegentrat!"[1] Schildern nicht die Jesuiten selbst die Thätigkeit ihrer Ordensbrüder in Deutschland mit den Worten: „Von denjenigen, welche in Deutsch=land waren, kämpfte der eine gegen die Zügellosigkeit des Lebens, der andere gegen die Ketzerei; oder vielmehr, indem sie gegen das Eine stritten, griffen sie Beides an; . eines ist des andern Wurzel. Wie Wasser zu Eis wird und Eis in Wasser sich auflöst, so entspringt die Ketzerei aus Lastern und geht in Laster über!"[2] — Vernichtung der lutherischen Ketzerei; Rückeroberung der Welt unter ihren nach jesuitischen Begriffen allein rechtmäßigen Herrn, den Papst, das war und ist das letzte Ziel, das die Gesellschaft Jesu verfolgt. Ist's einmal jesuitische Lehre, was Gury[3] schreibt: „Alle Getaufte, mögen sie Evangelische oder andere Ketzer sein, sind den Gesetzen der katholischem Kirche ver=pflichtet und unterworfen" — nun, dann hat der Jesuitenorden auch Recht und Pflicht, die Abtrünnigen ihrem rechtmäßigen Herrn wieder zuzuführen.

3. Was nach allem bisherigen die unermüdlich erhobene Forderung unserer Ultramontanen: „Rückkehr der Jesuiten!" bedeutet, ist über allen Zweifel erhaben: Es ist eine offene Kriegserklärung an alles Evangelische und Protestantische, an das Deutsche Reich, das mit dem Protestantismus steht und fällt. Der „Evangelische Bund" wird daher mit oder ohne Erlaubnis des „Deutschen Volksblattes" fortfahren in seiner Aufgabe, die Evangelischen aus ihrer Gleichgültigkeit und Sicherheit aufzurütteln, ihnen an unbestreitbaren Thatsachen zu zeigen, welche Gefahren uns von seiten der zur Zeit vom Jesuitismus beherrschten römischen Kirche drohen, sie zu ermahnen: „Halte was du hast, damit niemand deine Krone raube." Wenn solche Ab= und Notwehr vom „Deutschen Volks=blatt" als „systematische Katholikenhetze" hingestellt wird, so ist's nicht unsere Schuld. — Die weiteren Verdächtigungen des Ev. Bundes durch das „Deutsche Volksblatt" können wir füglich auf sich beruhen lassen.

4. „Wenn's so fortgeht," lesen wir weiter in unserem „Volksblatt", „dann wird der Tag nicht mehr fern sein, an welchem die Obrigkeit ex officio sich genötigt sehen wird, den pro= und konfessionellen Friedensstörern das Handwerk zu legen." Eine wirklich schöne Zumutung an die „Obrigkeit!" Mit Gefängnis und Zuchthaus diejenigen mundtot zu

---

[1] Imago primi saeculi, Antwerpen 1640, pag. 19. 18. 57.   [2] ib. pag. 212.
[3] Gury I, pag. 43, 1. Auflage.

machen, welche sich erlauben, in Wort und Schrift die Jesuiten so zu zeichnen, wie sie sind oder sich herausnehmen, in „grünen Heften" an der Hand unbestreitbarer Thatsachen das Vordringen der römischen Kirche zu beleuchten — das wäre freilich ganz im Sinne des „Deutschen Volksblattes". Wird aber auch in Württemberg erst dann soweit kommen, wenn der berüchtigte Syllabus Pius IX. zum integrierenden Bestandteil unserer Verfassung erhoben sein wird. Einstweilen sitzt für uns wie für den bayrischen Katholiken Amort d. J. „der Friedensstörer" im Vatikan; von dort geht die Kriegserklärung aus durch Syllabus und Vatikanum; vom unfehlbaren „Friedenspapst" sind urbi et orbi die vermessenen Worte verkündigt worden: „der Protestantismus ist eine Pest, die evangelischen Schulen sind Pflanzstätten sittenverderblicher Irrlehren, die Missionare Teufelsdiener, die evangelische Kirche trägt die Verantwortung für Socialismus und Nihilismus — ja für die fluchwürdigsten Mordattentate." Mutet uns das „Deutsche Volksblatt" zu, solche Herausforderungen und Beschimpfungen einfach ruhig einzustecken, Augen, Ohren und Mund zu schließen gegenüber von allem, was im römischen Lager geschieht mit dem Zweck, Schritt für Schritt die Herrschaft zu gewinnen und die Gegenreformation vollends durchzuführen?

B.

In der Kürze haben wir uns noch mit folgendem Artikel des „Deutschen Volksblattes" zu beschäftigen (Nr. 276, Jahrgang 1888):

„Von der Kinzig, 26. Nov. Der „Kinzigthäler" Nr. 139 enthält folgende Erklärung:

Der „Kinzigthäler" schreibt in seiner Nr. 138 vom 22. November dieses Jahres: „Es ist eine gemeingefährliche Lehre der Jesuiten, daß der sittliche Charakter jeder einzelnen Handlung durch die dabei obwaltende Absicht bestimmt werde, so zwar, daß unter Umständen die Uebertretung sämtlicher Gebote gerechtfertigt erscheine und bei allen Aussagen ein geheimer Vorbehalt zulässig sei." Da die katholische Kirche die Moral oder Sittenlehre der Jesuiten gutgeheißen hat, so liegt in dieser frivolen Unterstellung zugleich ein Angriff auf die Sittenlehre der katholischen Kirche. Wir Unterzeichnete, die wir die Grundsätze der katholischen Moral unsern Pfarrangehörigen zu verkündigen haben, halten uns darum für berechtigt und verpflichtet, von dem Einsender dieses Artikels zu verlangen, diese seine Behauptung aus den Schriften der Jesuiten zu beweisen, widrigenfalls wir dieselbe als eine böswillige Verleumdung ansehen müssen. Sollte die Redaktion des „Kinzigthälers" diese Erklärung unserseits in ihre Spalten nicht aufnehmen, so würde sie uns nötigen, unsere Pfarrangehörigen auf einem andern geeigneten Weg über diesen durch nichts gerechtfertigten Angriff der Sittenlehre unserer Kirche zu belehren. Hausach, den 22. November 1888. Der erzbischöfliche Dekan Keller, Kleber, Stadtpfarrer in Wolfach, Bosch, Pfarrverweser in Oberwolfach, Reich, Pfarrer in Weiler, Beck, Pfarrer in Mühlenbach, Tamal, Pfarrer in Steinach, Kopper, Pfarrer in Welschensteinach, Oechsler, Pfarrer in Hausach."

Wir fügen dieser „Erklärung" bei:

1. Die Behauptung des „Kinzigthälers" bezüglich der Jesuitenmoral ist vollkommen zutreffend; wir verweisen auf unsere Ausführungen über die Lehre vom „geheimen Vorbehalt" S. 12. 13.

2. Die Herren Unterzeichner der Erklärung identifizieren offenbar „katholische Moral" und „jesuitische Moral", welch letztere von der katholischen Kirche gutgeheißen worden sei. Wir erblicken in dieser Gleichstellung der jesuitischen mit der katholischen Sittenlehre und Sittlichkeit eine Beschimpfung der katholischen Kirche und vieler Millionen ihrer Glieder, die bezüglich der Jesuitenmoral die Ueberzeugung des katholischen Professors Möhler teilen: „Die jesuitische Behandlungsart der Moral wirkte vielfach vergiftend bis in's innerste Mark des sittlichen Lebens." — Oder sind jene Herren vielleicht in der Lage, den Nachweis zu führen, daß durch unfehlbare Lehrentscheidung eines Papstes die Jesuitenmoral als katholische Moral gutgeheißen wurde, die römische Kirche also auch hinsichtlich der Moral jesuitiert wäre?

Nachwort.

Aus dem Breve Papst Leos XIII. vom 13. Juli 1886.

„Wir ergreifen mit Begierde die Gelegenheit, unsere Liebe der Gesellschaft Jesu, die sich so verdient gemacht hat um die Kirche und die Gesellschaft, zu bezeigen. Wir bestätigen kraft unserer apostolischen Autorität die gegenwärtigen und gewähren von neuem die apostolischen Briefe alle zusammen und auch jeden einzelnen derselben, welche die Errichtung und Befestigung dieser Gesellschaft betreffen, Briefe, welche die römischen Päpste, unsere Vorgänger, seit Paul III. gesegneten Andenkens bis auf unsere Tage erteilt haben, mögen dieselben Bullen oder einfache Breven sein. . . . Betreffs des Breves „Dominus ac redemptor noster" von Papst Clemens XIV., datiert vom 21. Juli 1773,[1]) und anderer Schriftstücke, die dagegen lauten sollten, wären sie würdig einer Erwähnung und einer speziellen und individuellen Derogation, so derogieren wir sie. . . . Geschmückt mit so vielen Verdiensten, . . überhäuft mit Lob von unseren Vorgängern, möge nun die Gesellschaft Jesu fortfahren in Mitte des ungerecht entfesselten Hasses gegen die Kirche Jesu Christi, zu erreichen den Zweck ihres Bestandes zum größten Ruhme Gottes und zum ewigen Heile der Seelen. Möge sie fortfahren in ihrer Mission, die Ungläubigen und die Ketzer durch heilige Mittel(!) zum Lichte der Wahrheit zurückzuführen, die jungen

---

¹) Durch welches der Jesuitenorden als mit dem Frieden der Völker und Staaten unverträglich aufgehoben wurde.

Leute in den christlichen Tugenden und in den schönen Wissenschaften zu erziehen, zu lehren die Philosophie und die Theologie nach dem Geiste des Doktor Angelikus. Wir umarmen mit einer lebhaften Neigung die Gesellschaft Jesu, welche uns sehr teuer ist, und wir geben . . allen Kindern dieser Gesellschaft unseren apostolischen Segen.

Gegeben zu Rom bei St. Peter unter dem Fischerringe am 13. Juli 1886, unseres Pontifikats im Neunten.

M. Kardinal Ledochowski.